2019 年度辽宁省社会科学规划基金项目

"基于词汇化理论的现代汉语动作动词语义及释义研究"（L19BYY007）

知库

教育与语言

现代汉语单音节
动作动词语义及释义研究

钱 多 孙福广 著

九州出版社
JIUZHOUPRESS

图书在版编目（CIP）数据

现代汉语单音节动作动词语义及释义研究／钱多，
孙福广著 . -- 北京：九州出版社，2024.4
　　ISBN 978－7－5225－2872－4

　　Ⅰ.①现…　Ⅱ.①钱…　②孙…　Ⅲ.①现代汉语—动
词—语义学—研究　Ⅳ.①H146.2

中国国家版本馆 CIP 数据核字（2024）第 090544 号

现代汉语单音节动作动词语义及释义研究

作　　者	钱　多　孙福广　著
责任编辑	陈春玲
出版发行	九州出版社
地　　址	北京市西城区阜外大街甲 35 号（100037）
发行电话	（010）68992190/3/5/6
网　　址	www.jiuzhoupress.com
印　　刷	唐山才智印刷有限公司
开　　本	710 毫米×1000 毫米　16 开
印　　张	15
字　　数	216 千字
版　　次	2024 年 4 月第 1 版
印　　次	2024 年 4 月第 1 次印刷
书　　号	ISBN 978－7－5225－2872－4
定　　价	95.00 元

前　言

在现代汉语中，动词作为表达行为、状态转换和过程发展的核心词汇类别，其研究一直是语言学领域关注的焦点。单音节动作动词在现代汉语中承担着表达基本动作、姿态、存在、变化等过程的主要职能，在汉语语法结构中占据着基础性的地位，其语义的精确性和表达的经济性对于语言的功能性有着不可或缺的作用。

在汉语作为第二语言的学习过程中，单音节动作动词往往是学习者最初接触和掌握的词汇之一。这些词汇的习得情况直接影响到学习者对汉语句法结构和语义内涵的理解，研究单音节动作动词对于优化汉语教学策略和提高教学效果具有重要意义。单音节动作动词作为描述行为和事件的基本词汇，在跨文化交流中扮演着重要角色，其使用的准确性和恰当性对于有效沟通至关重要。从认知语言学的角度来看，单音节动作动词的研究可以揭示人类认知过程中对动作和过程的基本概念化方式，有助于理解语言如何映射和表达人类的认知结构，从而深化对语言和认知之间关系的理解。

近年来，动作动词研究一般基于以下理论框架：①认知语言学框架。认知语言学认为语言是人类认知的一部分，强调语言结构与人类经验和知觉之间的联系。它特别关注如何通过隐喻、转喻、构式等概念来解释语言现象，认为语言反映了人类的认知结构。在动作动词的研究中，认知语言学关注如何通过动词揭示出日常生活经验和身体经验对动作概念的影响，通过分析动词在不同语境中的用法，探讨动作动词的多义性和隐喻用法。②构式语法框架。构式语法认为语言知识是由一系列构式组成的，构式是形式和意义的对应，强调语法结构不仅仅是词汇项目的组合，而且是具有固定意义和用法的整体。构式语法研究聚焦于动词如何与特定的语法结构共同构成特定的意义，探讨动词与其他句子成分的搭配如何构成特定的动作场景，以及这些场景如何反过来影响动词的语义。③形式语义学框架。形式语义学利用逻辑和数学工具来精确描述语言意义，尝试建立起语言表达式意义的形式化理论，重点关注句法结构与语义之间的对应关系。在动作动词的研究上，形式语义学关注如何通过逻辑形式来捕捉动词的数、性、格、时、体、态等语法范畴。研究者利用谓词逻辑等工具来分析动词的语义结构，探讨动词如何与其他成分交互，构成复杂的句子意义。④分布语义学框架。分布语义学基于统计学和机器学习的方法，通过分析大规模文本数据来研究词汇和短语的意义，关注语言使用中的模式，尤其是语言单元在不同语境中的分布情况及如何反映其语义。分布语义学方法通过词嵌入技术（如 Word2Vec 语言模型或 GloVe 算法）探索动词与其他词汇的关系，揭示动词的语义特性和变化规律。现代汉语单音节动作动词语义及释义研究可综合应用上述理论框架，每个框架都从不同的角度提供了独特的见解和方法，可以更全面、深入地理解和分析现代汉语单音节动作动词的语义特性及其释义。

　　本书以 160 个现代汉语单音节身体动作动词为研究对象，依据宏事件理论和位移事件词化理论、题元角色理论和词典释义的相关理论，采用内省与实证相结合、定性与定量相结合的研究方法，从信息解码的角度构建汉语身体动作动词抽象语义变量系统，摸清汉语身体动作动词语义内容的总体分布情况；从信息编码的角度将汉语身体动作动词的词化模式概括为"位移 | 变化+原因、方式等+X"。借助于大规模的语料库检索和汉语母语者的语言直

觉，构建《汉语身体动作动词概念语义信息库》，并以此为参照标准，对目标词在学习词典中的释义情况进行了质性和量性研究，考察汉语学习词典在动作义位释义过程中存在的规律和问题。

在理论构建方面，本研究首先结合汉语事实对宏事件理论和施事性因果链事件理论进行阐发，将汉语动作动词的核心概念概括为"位移｜变化+副事件"。然后从施事主体和焦点主体的重合关系入手，分别考察构成外施事动作动词和自施事动作动词的概念语义框架及其核心要素。在此基础上，对汉语身体动作动词的概念语义内容进行解析，构建两类动作动词的抽象语义变量系统，分析各系统的嵌套层级，给各层级所包含的描述性抽象变量、关涉性抽象变量和伴随性语义变量定性，依据大规模现代汉语语料库以及一定数量的母语者的语言直觉，归纳和统计抽象变量的赋值结果和赋值内容，采用析义元语言进行描述，建立《汉语身体动作动词概念语义信息库》。

根据《汉语身体动作动词概念语义信息库》，本研究对汉语单音节动作动词的概念语义内容进行定量统计。结果显示，两类动作动词的语义差别主要体现在二级和三级语义变量的性质和赋值结果上。外施事动作动词的语义内容要比自施事动作动词复杂得多。在此基础上，本研究将汉语动作动词的词化模式概括为"位移｜变化+原因、方式等+X"。"位移、变化"是共性成分；"原因、方式"等是别类成分；"X"是个性成分，而非边缘性语义成分。

在实践应用方面，本研究将动作动词的概念语义信息与汉语学习词典中动作义位的释义相对比，以个性成分 X 及其赋值结果为参照标准来考查释义配列式和例证，发现各语义要素的出现频次呈现出明显的数量差异，总体规律是：对动作内容具有强规定性的变量必然出现在释义文本中，规定性较弱的变量多出现在例证文本中。本研究还以语义变量 X 的转化率和赋值结果的区分度为标准，对三部典型的汉语学习词典的释义准确度和区分度进行了横向对比，发现释义配列式的质量与语义变量的选择性凸显、转化率和区分度有关，释义结果的准确程度取决于概念语义信息库的准确程度。可以说，词典编纂实践过程中，只有最优化的释义模式，而没有标准统一的词典释义文本。因为汉语本身是一种语义型语言，句法表达形式多样，此外，编纂者对动作义位都有个人的经验和理解。与其追求释义结果的一致性，不如参照大数据模型的概念语义变量及其赋值结果，合理组织释义元语言，补充合适例句，从多个层面和角度呈现和完善动作动词的词汇意义。

本书是一部偏理论的学术著作，我们写作的最终目的是希望能够用认知语言学的研究成果来指导外向型汉语学习词典的编纂，如能在词典学、国际中文教育方面起到些许推动作用，更是意外惊喜。谨希望本书所介绍的研究思路和成果能够为动词的研究和应用提供借鉴与参考。

本书在出版过程中受到教育部中外语言交流合作中心国际中文教育协作机制资助项目《新时代·新理念·新路径：东北"三省一区"孔子学院建设和国际中文教育创新发展论坛》（23YHXZLN1014）和《东北"三省一区"孔院联盟青年中文学习者讲好中国故事的实践与探索》（23YHXZLN1015）资助，在此特别感谢！我们还要感谢沈阳师范大学国际教育学院的张伟院长、全学丽副院长、屠爱萍博士以及诸位同事，你们提出了很多宝贵的建议和暖心的鼓励，感谢你们长久的支持，使得这本书稿得以顺利出版！在此我们表示衷心的感谢！

钱　多　孙福广

2024 年 3 月 26 日

目　录
CONTENTS

第一章

绪　论

第一节　引　言

一、研究缘起——留学生语义理解与词汇选择的偏误

外国留学生使用汉语身体动作动词中，时常会出现类似下面的一些错误：

①我靠着背袋，里面放的东西不多……还有一本笔记本。（当为：背）

②有一天，公共汽车很快就开车了，使还没上车的她拉倒了。（当为：摔）

③这时，服务员……把大桌布搔开，那么飞灰去什么地方？（当为：铺）

④妈妈拿开我的被子，扶我起床。（当为：掀）

⑤我想我们这些青少年还是烟这些毒品不可以去吹。（当为：吸）

⑥同屋洗澡完了后，总是记不住扭毛巾，浴室里滑滑的。（当为：拧）

可见，留学生对汉语身体动作动词的语义理解得还不够充分，因此，混用或误用了同类近义词语。

留学生使用身体动作动词的另一个问题是"存在明显的同类词使用不均衡，以及同类词中熟悉词代替不熟悉词的情况"（张博，2009）。蔡北国

（2010）对比了"现代汉语中介语语料库"和"现代汉语研究语料库"中留学生使用汉语身体动作动词的情况，发现"放、穿、看、吃"等的使用频率均比"现代汉语中介语语料库"的使用频率高，而"搁、戴、瞧、服"等均比汉语库的使用频率低。也就是说，留学生在使用身体动作动词的过程中，明显地存在用常用词代替非常用词的现象。

不只是初、中级汉语学习者出现上述偏误，高级汉语学习者也有着同样的问题。笔者曾就这一问题访谈了多位来华攻读汉语言专业硕士、博士学位的外国留学生，他们一致表示：在描述动作的时候常常不知道具体该用什么词（注意：不是"哪个词"），难以区分近义动作词之间的细微差别，因此，为了保险起见，就使用最常用的"拿、放"等动词来代替。

留学生不能准确地使用身体动作动词的主要原因固然在于他们对意义掌握得还不到位，同时，词典、教材、教学辅助材料对该类词的解释不充分也从另一个侧面反映了学界对该类词的研究还存在提升空间。崔希亮（2006）曾笑谈："某词典中对'跳'的解释是'两脚离地，身体向上'，这是'跳'吗？恐怕是'上吊'吧？"于屏方（2005）也指出，学习词典中对动作义位的"直接释义比例显然过高，只凸显义核导致义位释义的精细度过低，引起相关义位意义区分度的不足，甚至导致释义无效"。

兰道（Landau，2001）指出，动词是最难释义的。原因在于，尽管动词一直都是语言研究的重点和焦点，但是一直都集中在语法属性上，即使是有关语义属性的研究，也是为了语法研究而服务的，对动词的词汇语义属性的研究始终相对滞后。身体动作动词是从认知经验的角度提出的一组类义词，这类动词在使用上具有广泛性、复杂性和民族性，语法属性一致，语义内容接近，是动词类范畴的核心成员。这类动词的基本义源于身体经验的概念意义，直接体现了身体与外界接触过程中的体验和感知，因此，多数属于基本词汇，含义丰富，构词能力很强，而且其中部分词还有语法化为虚词的倾向。可以说，对身体动作动词意义内涵的深入研究具有重要的意义。

二、研究对象——典型性、全面性、代表性的综合考察

动词是语言学研究中经久不衰的课题。中外学者从语法、语义、语用、词汇等多个角度对动词的分类、特点、结构、搭配、时体以及动词作谓语所构成的各类句型（或句式）等进行了研究，发表了诸多论著。可以说，针对动词的研究已经取得了相当丰硕的成果。然而多年以来，身体动作动词作为动词下位分类的重要内容，对其进行的专门研究则一直相对薄弱，通常是包含在动词研究的范围内。直到近年来，身体动作动词才渐受重视，被作为一类特殊的动词专门研究。所谓身体动作动词，在本研究中被限定为由人体某动作部位发出的、表示施行某种特定动作、对其他物质实体造成实质影响的动词。

之所以选择单音节的身体动作动词，是因为语言是有层次的，上一层次的单位由下一层次的单位组合而来。只有当词素组成词之后，语言才由无生命的物理状态向有生命的"细胞"和"组织"过渡（D. Bolinger，1981；转引自严辰松 1990）。当零散的区别性语义特征组成音位，音位进一步组成音节时，语言的意义开始萌生，语义才具有可操作性。单音节词是语义赖以依附的基本单位。单音节动作动词是表达动作事件和存现事件的各类句式的句法核心，语义透明度高，构词能力强，使用频率高，且大部分属于基本词汇。对单音节身体动作动词的语义分析有助于揭示动作动词整体的语义构成。有鉴于此，本研究以现代汉语中的单音节身体动作动词为研究对象。

在目标词的提取上，本研究兼顾典型性、全面性和代表性三原则，力求研究对象覆盖所有身体动作类目，尽可能包含动作动词的全部语义要素。所谓典型性，是指研究对象是表示严格意义上的人类身体动作的动词，特定身体部位所发出的动作的幅度是明显可见的，该动作能够对客体造成空间和时间维度上的实质性影响。从本质上来说，身体动作动词显示的是动作主体和

客体之间的施受关系（有些情况下施受双方都是发出动作的人本身，即第二章中提到的自施事动作动词），而且主体和客体都是客观存在的物质实体。感官动词（如"看、听、嗅"）和言说动词（如"说、问、训"）也是由具体的身体部位发出的动作（头部动作），但并不是本研究的对象，理由是这两类动词显示的是信息交换关系，动作所系联的主客体双方之间虽然产生了一定量的信息传递，但是该动作并未对客体造成实质性影响。所谓全面性，是指在限定了典型的身体动作动词词群的基础上，把该词群内所包含的全部义类都视为目标词的选取范围，不遗漏任何一个义类，即使是该义类下所包含的动词数目远不如其他义类（如"缝补"类动作动词）。为了保证对动作动词进行意义归类的准确性，本研究使用了《现代汉语分类词典》（苏新春，2013）的义类索引表，以该表所列举的700余个动作动词为选词范围来筛选目标词。所谓代表性，是指在每个语义类别中选取最能概括本类意义内涵的代表词作为最终的目标词，本研究直接以《现代汉语分类词典》义类索引表中的第四级语义层的各个类名为代表词，并结合《现代汉语词典》（第七版）进行适当微调，最终确定目标词160个（参见附表1）。

三、研究目标——语义构成与释义质量的综合分析

本研究试图解决的问题可以概括为两方面：一方面是探讨汉语身体动作动词的语义内容构成；另一方面是评价学习词典中汉语身体动作动词的释义质量。前者研究的是从认知层面到语言表层词汇形式之间的信息转化问题；后者研究的是从析义元语言到释义元语言的语言转化问题。具体包括：

（1）尝试提出一个既遵循人类认知共性，又符合汉语事实和特点的动作动词概念语义框架，这个框架是概念语义和词汇形式的接口，能够依据这个框架对身体动作动词的词汇意义进行进一步的分解、刻画和描写。

（2）找出构成动作动词概念语义的描述性要素、关涉性要素和伴随性要素，理清其相互关系，确定其性质和内涵。

（3）借用计算语言学的思想，将语义框架和语义要素进一步提炼为变量系统。用赋值的思想来统计和分析汉语身体动作动词语义内容的总体分布情况，显示汉语中动作范畴的共性和个性。

（4）从语义变量及赋值上升到语言表层形式，是有规律可以遵循的。本研究希望从信息编码的角度，总结出概念语义整合成词的模式、规律和民族性，验证泰尔米及相关学者对汉语动词词化模式的概括是否贴合汉语实际，使研究具有类型学的意义。

（5）长期以来，动作义位释义研究的主要缺陷是循环论证，缺乏来自释义语言以外的标准。本研究尝试用来自认知层面的变量系统及赋值情况来作为参考标准，运用量化和质化手段，对比学习词典中动作动词的释义实际，考察释义文本的质量。

第二节　研究现状与述评

一、汉语身体动作动词语义研究的历史和现状

对现代汉语身体动作动词的研究最早始于 20 世纪 60 年代赵元任的《汉语口语语法》（赵元任，1979）。严格来讲，"身体动作动词"并不是语法研究中的术语，而是从语义角度对动词进行下位分类的结果之一①。王珏

---

①"身体动作动词"仅是从语义出发而归纳的一类词，在现代汉语语法体系中并没有这样一个专门的术语。本研究在梳理前人研究成果时，不刻意追求术语的准确和统一，凡是关于"身体动词""身体动作""动作动词""身体行为"等相关的研究都一并统称为"身体动作动词"的研究。

（2004）在《汉语生命范畴初论》一书中首次提出了身体动词的定义，他认为："身体动词就是动作行为只和身体部位有关，不涉及身体以外的事物的特殊的动词。"这一定义指出了该类动词的语义关键——跟身体有关。作为语言研究经久不衰的课题，动词研究在汉语学界已经取得了相当丰硕的成果。然而多年以来，关于身体动作动词的研究却一直相对薄弱，常常被包含在动词研究的整体范围内，直到近年来才渐受重视，被作为单独的一个集合来专门研究。

身体动作动词是最典型的动词。随着认知语言学的蓬勃发展，大部分语言学家一致认为"人通过身体经验认识世界、构建语言"（Lyons，1977）。动作动词直观、准确地反映了人与世界互动的方式，是语言中表达活动、存现等事件的各种句式的句法核心，是数、性、格、时、体、态等语法范畴的载体，语义透明度高，构词能力强，使用频率高，且大部分属于基本词汇。可以说，对动作动词意义内涵的深入研究具有重要的意义。语义研究的内容大致可分为语法语义和概念语义两个方面（程琪龙，2006），其中语法语义主要指的是句法语义。因此，本书概述动作动词的语义研究成果也从这两个方面入手。

（一）语法语义研究方面

语法语义研究的最终目的是用语言内容解释语言形式。当句法研究徘徊不前的时候，语言学家本能地寻求语义上的解释，一旦获得解答，研究的重点重新回归到句法研究之上。正如阿尔西纳（Alsina，1999：77；转引自程琪龙，2011：72）所说，语法语义的结构语义表征仅限于和语法差异相关的语义信息；非语法的语义（包括语用含义、社会文化意义）不进入语法语义表征，而进入概念语义的范畴。语法语义仅表征所有由语法差异引起的语义对立（Mohanan & Mohanan，1999：26-27；转引自程琪龙，2011：72）。汉语动作动词的语法语义研究包括以下几个角度：

1. 及物性角度

对汉语身体动作动词的语法语义的研究，最早始于王力（1954）等人对动词"及物性"的区分。范方莲（1963）就曾将静态存在句中的动作动词分为三类：1）典型的不及物动词，如立、站、睡、躺等；2）及物或不及物两用的动词，如放、挂、摆、堆、贴等；3）及物动词，如写、画、绣、刻等。王珏（2004）则提出了专门针对身体动词的"及物、不及物"的全新概念。这里的"及物、不及物"是指动词所表动作是否涉及身体器官之外的其他事物对象而言的。这种新颖的分类方式并没有在学界引起重视，只有李金兰（2006）延续采纳了这一体系，并进一步区分了二者在句法分布位置、搭配的语义角色上的差别。王珏（2004）还有一种分类方式，他提出用"自由"与"黏着"的语法范畴对身体动词进行分类：凡是在语法结构上必须带身体名词一起出现的身体动词（不论出现在动词之前还是之后），都是黏着身体动词；并将身体动体和身体名词之间的关系区分为"绝对配偶关系"和"相对配偶关系"。

2. 论元、配价、题元角度

自 20 世纪 90 年代起，众多学者开始关注动词的论元情况，身体动作动词自然也包含在其中。从论元、配价角度出发的研究多关注与动词发生关联的名词数量、性质，不甚重视动词所表达的基本语义。何万顺（1990）、郭锐（1995）、曹逢甫（1996）、袁毓林（1998）、宋文辉（2004）等人都探讨过动词论元的数量和语义属性。靳光瑾（2001）依据格语法理论对题元、语义函数、e—理论等进行了阐述，并用计算语言学的理论对汉语动词语义进行了计算分析。王建军（2003）基于配价和语义特点，对动作动词进行了细致的分类，但标准不统一仍是一大问题。王惠等（2006）在编纂汉语动词语义词典时，为了"提高机器翻译系统的性能"，在语义分类的基础上，进一步详细刻画了每个词的配价数及其在上下文中的语义搭配限制。尽管目前该语义词典的规模已经扩大到 6.5 万个词，但尚未完全覆盖全部身体动词，对身体动词的语法、语义属性描写还有待于完善。类似的研究还有张庆旭（1996）、金立鑫（1996）、孙茂松等（1997）、陈小荷（1999）、于江生等（2002）、吴云芳等（2005）、陈群秀（2001，2006）、林青（2007）、由丽萍等（2007）、李永（2008）、王凤阳（2010）、高明乐（2011）、郑秋秀（2013）、邢莉娟（2013）等。

3. 句型、句式①角度

赵元任（1979）最早指出，有一类句子，整句（S-P）作谓语时，往往是大主语指人，S-P 里的主语指身体的部分，谓语表示某种生理或心理状态的事件。李临定（1986）把这种类型的句子命名为"身体行为句型"，并将其类型归纳为平行的 3 类。邢福义（1986）、张国宪（1990）等也从句型（含句式）的角度探讨了身体动作动词的语义、语法特点。马洪海（2003）初步建立了身体行为句式系统，把"身体行为句式"分为典型身体行为句和非典型身体行为句两大类 7 小类。李金兰（2006）不但从语义上重新界定了身体动作动词，还列出 6 个句法鉴别框架。这种对身体动词的界定是目前研究中最为准确的，既考虑了该类动词的语义特征，又从结构形式上加以鉴别，作者据此在《现代汉语词典》中筛选出身体动作动词 635 个，可信度较高。田臻（2009）基于事件类型，把身体动作动词所参与的句型结构分为动作句型和存在句型两大类，并进行细致的下位分类，这种划分略显琐碎零散，划分结果以动词的句法结构形式呈现，但实际上却体现了动词表达的事件类型。

在句式变换研究方面，朱德熙（1986）最早以"躺、挂、坐"等动作动

---

① 对身体动词的研究，研究者们大都不是孤立地从身体动词出发进行研究，而是把它放在一定的结构中与句型、句式联系在一起来研究。鉴于 20 世纪 80 年代对"句型、句式、句子"等概念的区分并不严格，本研究在归纳研究成果时也不刻意区分。

词为句法核心的存现句为例，提出了句式变换这种语法分析手段。此后，马庆株（2005）的研究进一步深化了对动词（尤其是动作动词）的语义特征的认识。马洪海（2003）、邱广君等（1999）也提出了典型身体行为句式4类里所存在的变换关系。

范晓（2006）曾以被字句为例论证了"句式跟动词的语义特征有着密切的关系"。他指出，词汇意义（概念意义）决定语义特征，语义特征决定该动词能组成何种句式，决定了与之搭配的动元数量、动元的语义角色，决定其在句中与名词的选择关系。构式语法理论的语义规则与之相反，认为动词和结构之间的决定因素不是动词，而是构式（Goldberg，1995）。构式语义和句法结构连接，动词则按一定的原则，通过与构式整合进入构式，整体构成构式语义。程琪龙等（2014）将前者概括为投射观指导下的"词汇进路理论模式"，后者为整合观指导下的"构式进路理论模式"。不论是投射观还是整合观，动词语义都不能离开小句所代表的事件框架去谈意义构成。要研究身体动词的词义，必须跳出词的层面，上升至词组甚至句法层面。

4. 搭配角度

身体动词的搭配研究集中在动宾搭配关系上。根据其宾语情况分为两类：

在"身体动词+常规宾语"的搭配研究方面，张国宪（1990）最早探讨了现代汉语单双音节动作动词与名词、形容词和量词的搭配功能差异，考察了与之搭配的词在次范畴以及音节等方面的选择限制。谢晓明（2002）以"吃、喝"为个案，从历时的角度总结了"吃、喝"类动词的嬗变过程及其宾语语义范畴的演变过程，运用隐喻和转喻理论解释了其宾语的激活扩散过程和代体宾语的形成机制。吴纪梅（2008）对汉语中常用的113个单音动词的带宾情况进行了历时考察，从动宾结构框架、构宾成分、宾语语义类型等角度对这些动词构成的动宾结构的发展演变情况进行了研究和探讨，同时，还对动词"坐"带处所宾语能力的历时发展情况进行了个案研究。李慧（2013）从构语力的角度，对146个单音节动作动词与名词性成分结合构成语块的能力和条件进行了研究。此外，李葆嘉（2003）、王霞（2005）、谢晓明（2007）、程月等（2009）、辛平等（2012）等学者从计算语言学的角度对身体动词与宾语的常规搭配进行的研究中也包含了身体动作动词的内容；高建忠（2008）、程月（2008）、贾晓东（2008）、路丽梅（2009）、张江丽（2011）、许萌（2012）等人的硕士论文也进行了相关的研究。

在"身体动词＋非常规宾语"的搭配研究方面，吕叔湘（1980）曾以"跑街、跑买卖、跑警报、跑龙套等"为例探讨了动词和宾语的多样化关系。邢福义（1993）将"写毛笔、吸烟斗、听耳机"里的宾语叫作"代体宾语"，还给出了表达这种转换条件的公式。冯胜利（2000）认为上述搭配是韵律促发的结果。王占华（2000）认为工具宾语、方式宾语、结果宾语等宾语形式与动词超常搭配是转喻的结果。谢晓明（2004）运用认知语言学的"图形—背景"理论解释了及物动词的宾语代入现象和不及物动词带宾语现象，认为后景（background）和背景（ground）的不同凸显程度、说话者的认知详细程度，以及对图形、背景和后景的主观选择差异，是宾语代入现象产生的认知动因。黄洁（2009）以认知语言学中意义的动态识解观、"感念转喻"和"概念隐喻"为理论基础，分析了现代汉语中及物动词带非受事宾语结构和不及物动词带宾语结构的认知机制和动宾搭配原则，其中所举的例子绝大多数都是身体动词。黄洁认为动宾非常规搭配之所以成为可能，原因就在于动词和宾语是相关概念框架中两个最凸显的要素，二者能实现概念匹配。此外，张云秋等（2003）、吴氏流海（2007）、税连（2007）、马利军等（2014）、王志军（2014）也有相关的论述。

（二）概念语义研究方面

Jackendoff（2002）提出的功能心智模式中，概念系统是和感知、运动系统相连接的一个半自主子系统。概念语义和感知运动系统是无法切断的，神经语言学的实验也证明运动和语言的接口是人类与外部世界相互作用的关键。概念语义内容的丰富程度远远超过语法语义，不仅包括语法语义以外的语用含义、社会文化、百科知识等，也包括和语法语义相关联的概念语义。汉语身体动作动词的概念语义研究包括如下几个角度：

1. 词汇意义角度

身体动作动词整体的词汇意义研究始于语义分类词典的编纂。梅家驹等（1983）、林杏光（1985）、赵德生（2002）、曹永兴（2008）、苏新春（2013）等人编纂的语义分类词典中，"动作"均是一大类目。

对身体动作动词个体的词汇意义研究一般只选取其中的一个小类，甚至是个案。选取小类有两种方法，其一是根据发出动作的身体部位。其中，以手部动作的研究最为丰富。曾艳青与吴怀智（2000）、朱莹莹（2007）、董正存（2009）等从历史的角度描写了手部动词的词义演变情况。吕艳辉（2008）、马春媛（2010）等运用现代词汇语义学的相关理论，分析了"手"词群的词形特征、造字构词方式、词素类聚以及内部的语义范畴等。冯丽（2013）的博士论文采用"认知基元（萧国政，2010）"概念，以"拿"为认知起始词，构建了面向语言信息处理、对外汉语教学和语言认知三个领域中"拿"类动词的语义网络。此外，黄晓雪（2010）、汤景鑫（2010）、刘倩忠（2011）、王婷（2011）等人从句法、语义和语用角度对现代汉语打击类、持具类、"拿"类等单音节手部动词进行了系统的分析。再如下肢动词研究方面，王迎春（2006）、孟丽（2008）、张志军（2008）等人从义场对比、语义特征、词典释义等角度对汉语腿部动作义位进行了分析，类似的研究还有秦宝艳（2008）、连登岗（2010）、真大成（2012）等。足部动词的研究相对少一些，比较有代表性的有周文（2005）、杜嘉雯（2010）和田新柳等（2012）人的三篇文章。

选取小类的第二种方法是根据特定的语义场。语义场的划分没有固定的标准，边界也不甚明确，通常以某个核心词来命名，有"走"类（陈秀娟，2006；徐英平等，2010；罗思明，2007；王文斌，2008）、"击打"类（罗昕如，2006；应蕙菁，2010；汤景鑫，2010）、"制作"类（朱景松，1992；王晓庆，2012；王振，2013）、"穿戴"类（张琼琼，2011；王利娟，2013）、"饮食"类（李文峰，2011；张蔚虹，2010；杨玲燕，2014；孔庆阳，2014）。此外，还有对"洗涤"类动词（闫春慧，2006）、"烹煮"类动词（王宁，1996；王洋，2008）、"逃跑"类动词（赵文君，2013）、"切割"类动词（高龙，2008）、"种植"类动词（双丹丹，2009）、"问答"类动词（王枫，2007）、"看"类动词（王文斌等，2004）、"喝"类动词（吕传峰，2005，2006）、"抓"类动词（余宁，2012）、"置放"类动词（徐峰、1998）等多个特定语义场的动词专类研究。

对汉语身体动作动词的个案研究集中在"吃""打""搞"这三个泛义动词上，相关的论文极多，比较有代表性的有刘半农（1932）、汪耀楠等（1982）、曹先擢（1996）、符淮青（1996）、孟昭连（1999）、陶红印（2000）、高虹（2001）、卢宁（2001）、张林（2001）、胡明扬（2003）、章红梅（2005）、王青（2005）、徐时仪（2008）、吴静（2008）、熊应标（2009）、汤景鑫（2010）、苏宝荣（2011）、董粤章（2011）、姚双云（2011）、张建理（2012）、韩金广（2014）、向金慧（2014）等，在此不再一一赘述内容。

2. 语义特征角度

身体动词集中体现了动作事件的范畴化过程，体现了人是如何从动作本身出发观察事件的认识过程的；身体动词还蕴涵了与事件相关的各种因素（如时间、状态、施受和虚实等），并通过语义符号的形态变化将其表现出来。对动词语义特征的分析研究一直是语言学家的努力方向。林杏光等

（1991）、邱广君等（1999）对汉语"徒手"动词的语义特征及其搭配关系进行了研究，贾彦德（1992）、张志毅（2004）等人在各自的词汇语义学专著中列举了大量身体动作动词的义素分析结果，并提出了语义特征研究的具体方法和手段。

李金兰（2006）和田臻（2009）在其博士论文中分别运用"图式"理论提出了身体动作动词的语义限制条件（即文中的"抽象语义特征"），孟丽（2008）在李金兰（2006）的基础上，对腿部动作动词的语义特征进行了进一步的刻画，但是研究颗粒度较粗，没有对具体动词的微观研究，而更侧重探讨该类词的论元角色和基本句式。

孙道功等（2009）探讨了词汇语义与句法语义的接口问题，特别重视词汇语义—范畴义征的衔接和范畴义征—语义角色的衔接，以"穿着动作"义场为核心，示例了"穿、套、披、戴"的区别性特征以及与之搭配"衣物"义场成员的小类和义征，以此论证了"词汇义征决定句法语义"的观点。

对身体动词的词汇语义描写得最为全面的当属李葆嘉（2013）的《现代汉语析义元语言研究》一书。书中细致地描写了身体动词中的上肢动作词（共96个义位）和下肢动作词（33个义位）的全部义征并借鉴了语义特征的偶值表示方法，逐一分析各词的语义要素，辅以自己制定的语义标识符号，用义征表达式来表示其核心的区别性特征。在同一时期，李葆嘉的学生的硕士论文（孙冬梅，2008；李小敏，2012；曹芳芳，2008等）多为身体动作动词中某一小类的语义特征的微观研究，这些基础性的研究工作对该书的出版具有奠基之功。

3. 认知隐喻角度

身体动词广泛存在于日常生活体验中，其物理性的动态关系自然容易通过概念隐喻映射到心理和社会域。针对动作动词的隐喻研究集中在单个或单类身体动词上，尤其是对"吃"的研究。杨春生（2004）采用命题结构理论对英汉两种语言中与"吃"有关的隐喻进行对比分析，认为"吃"的隐喻可以归纳为 5 类。针对相同的研究对象，王英雪（2007）以隐喻理论为基础，却得出了完全相反的隐喻表达方式。王冬梅等（2003）、任彦（2008）、聂亚宁（2008）、马瑞等（2009）、鞠晶（2009）、张微（2009）、张再红（2010）、娄小琴（2010）、曾佳（2013）、王新清（2014）等人也做了类似的研究。

除了对"吃"的研究以外，李小军（2014）考察了《汉语大字典》中带有"扌（手）"部的动词，从中提取出在历时发展过程中逐渐衍生出表心理动作、状态和性情的用法的 52 个字（词），重点考察了这些词从手部动作范畴到心理范畴的演变方式。李雪（2009）在研究材料上另辟蹊径，她选取了 10 部中、英不同作家、题材、风格以及隐喻运动表达丰富的现代著名小说作为语料来源，探究英汉隐喻运动表达是否会因各自语言位移事件词汇化模式的影响而在语言层面表现出规律性差异。李文莉（2007）也有类似研究。

诸学者还从英汉对比的角度进行了研究。韩大伟（2007）对比了英汉动词隐喻概念化认知映射过程之间的异同，探讨了英汉动词隐喻的词汇化模式之间的异同及其类型归属问题，通过自然语料的收集与分析，阐明了隐喻研究须同时考察相关文化因素、认知概念化过程以及形式化表征。郑宝花（2009）、黄符燕（2011）、谭蔚（2013）等人的硕士论文也探讨了英语中身体动词的隐喻机制和过程。研究英汉隐喻类型和机制的差别的成果也很多，有彭玉海（2011，2012，2013，2014a，2014b，2014c，2015）、王群（2005）、刘婷（2007）、高春雨（2007）、王文斌（2007）、葛建民等（2010）、张建理（2011）、刘学（2012）等人的多篇论文。

4. 词典释义角度

对汉语身体动作动词的释义研究一直是词典学的研究热点。在释义方法研究方面，早在 20 世纪 90 年代，郑述谱（1983）对比了俄语、汉语以及俄汉双语词典中表示"отделить"（使分离）意义的动词的释义情况，指出释义的格式不完全一致是各种词典都存在的问题，认为从聚合关系着眼可以更明晰、更准确地揭示词的语义特征。符淮青（1996）提出的"词义成分—词义构成模式"的分析方法对后来产生了巨大的影响，他认为用表动作行为的词的释义模式作为框架来说明表动作行为的词在句子中出现的具体意义时，可以尽可能具体地描写行为的特征。卢娜等（2008）探讨了动词多媒体释义的方式、运用的原则和辅助手段，其中有些内容涉及身体动作动词。她认为，在汉语教学中，运用图片对动词进行释义时要遵循典型性、突出性和灵活性的原则，还要适当使用加箭头、框线、文字、色彩等辅助手段。

在释义理论研究方面，于屏方（2006）以义位为分析单位，选取动作义位作为典型群，分析动作义位自身的特点以及预期相匹配的语义分析式；通过定量—定性分析，考查汉语单语学习词典在动作义位释义过程中存在的规律性问题，在此基础上，提出动作义位的系统性释义模式。她的研究侧重于"认知框架—语言框架—释义框架"的理论搭建，提炼的释义配列式的抽象语义参数，如"义核、直接客体、方式、单元主体、条件、对照项"等，是对概念意义的高度概括，并不考虑具体到每个义位的微观语义特征。

万艺玲（1998）对比了《王云五大辞典》《新华字典》和《现代汉语词典》三部辞书中的98个表动作行为的常用词的释义情况，归纳了词典在动词释义的内容和方法上的发展。郑丽（2010）则选取了"扌"部字中表示动作行为性质的276个词作为研究对象，对比了《新华字典》1957版和2004版中释义模式的异同。

元语言理论对词典学的影响很大。张少英（2006）的硕士论文介绍了提取身体动作动词释义元语言的具体操作过程，最终提炼出14个释义元语言类词语，以实践论证了它们可以充当159个词语的释义语句中的核心动词；同时对比了《现代汉语词典》使用79个词语完成释义的情况，认为利用类词语释义能降低释义语句中核心动词的用词量。李葆嘉（2013）专门论述了析义元语言的理论构建和实践操作，但最终并未以词典释义的形式来体现其研究成果。

义项的划分也是研究热点之一。裴雨来等（2007）认为同一个词在不同用途的词典中可以被划分为不同数目的义项的观点只能在词典学框架内成立，词义区分是可以根据需要做不同颗粒度的处理的，可以用框架语义的方法来检验同一词形是否应当区分为多个义项。周明海等（2011）从词义标注语料库的建设角度出发，研究了基于多部词典的目标动词义项标注的困难，并根据这些困难提出具体的解决策略，其中有些内容涉及身体动作动词。林进展（2012）提出了一套计算动词义项距离的方法，即从距离的角度来衡量测算义项的颗粒度，并提出了动词义项分合的标准。这种采用数理计算来区分义项的方法尚属首创，其应用效果还有待查证。

卢骄杰（2007）、张绍麟等（2009）、常晓芳（2009）、赵锦丽（2010）、王洪明（2011）、丛琳（2010）等人专门就双音节复合动词的释义情况进行了研究，其研究材料也包括了一定量的身体动作动词。

此外，也有一些研究者引用框架语义理论、词汇化理论等探讨了身体动作动词的语义内涵，如田臻（2009）根据动词的语义特点即表达的事件框架的相似性将141个动词分为九类，并提出了动作动词进入静态存现构式的语义限制条件。高虹（2001）借鉴词化理论，从认知的角度对身体动作动词进行了界定，并列举数个典型动作动词，对其词义进行了深入的剖析。她提出了分析动作动词的概念框架，提取了若干个关键语义要素。这种把词义置于一定的概念框架下进行研究的方法源自框架语义学，又借鉴了力动态图式等认知语言学理论，可惜未能覆盖动作动词全体成员，其有效性有待于进一步确定。类似的研究还有张庆旭（1996）、和斗振（2011）、李晓丹（2011）、曾凡超等（2011，2012）、马应聪等（2013）、黄晓冬（2014）、王志军

（2014）、李道静（2015）、王明月（2015）等。还有学者从心理语言学的角度出发研究身体动作动词。张积家等（2005，2006）、陈新葵等（2013）通过心理实验探讨中文身体动词的语义特异性加工。同类研究很少，只有张钦（2004）、刘雪昶（2006）、徐明慧（2007）、张石磊（2011）等寥寥几篇。

二、汉语身体动作动词语义研究的趋势和问题

身体动作动词一直是汉语动词研究热潮中不可或缺的部分。在几十年来的汉语词汇语义研究史中，其发展呈现出如下一些特点：

第一，词类范畴大致确定，下位分类观点不一。动作动词长期以来一直与状态动词纠缠不清，这一点在 20 世纪 80 年代之前的研究中表现得最为明显。尽管有学者采用语法功能、语义特征、认知框架多个标准尝试将二者区分开来，但是显然都是各执一词，一直没有形成定论。随着一批语义词典的问世，梅家驹、苏宝荣等学者对各类动词的抽象语义特征进行了概括和描写，全面地列举了动词所包含的各类成员。至此，身体动作动词的范围和内容大致确定下来，但是其进一步的下位分类尚未得到统一。对身体动作动词的下位分类多从语义出发，一种是按照动作发出的身体部位，区分为头部动作、手部动作、躯干动作等；另一种则是先划定语义场，以语义场中的核心动词来命名场内的全体成员，比如走跑类动词、提拉类动词、剪裁类动词等。更多的微观研究则回避了分类这个难题，直接摘取某一小类，自行命名、确定内部成员。这种研究的确深化了对某个或某几个动作动词的理解，但是也将身体动作动词的整体割裂开来，缺乏宏观意识。

第二，研究角度走向多元化。对动作动词的研究不再局限于搭配、配价、指向等语法语义研究，学界开始运用认知语义学的理论来指导动作动词的语义研究，从概念语义、事件框架等角度剖析构成其语义的百科知识网络。同时，汉外对比研究方兴未艾，鉴于动作是人类共通的身体体验，研究者开始从类型学的视角探讨动作概念在不同语言中的共性和个性。无论从何种视角切入，身体动作动词所处的线性组合关系都是研究的中心。认知语言学认为，人的概念系统是人关于他自身构造的知识以及他与物质的和文化的环境打交道的产物；事物的特征不是事物本身固有的，而是人与事物相互作用的结果，所以叫作互动特征（Lakoff 和 Johnson，1980；转引自郎天万、蒋勇，2000）。也就是说，认知者的语义知识不是直接来源于词语内部或外部的语义对比关系，而是来源于认知者与词语指代的客体或事件间相互作用的经验。这就意味着，语义特征及其形成对个体而言是先于语言的发展而形成的。只有当这些特征积累到一定的数量时，才能构成各种组合；而由这些特征组合成概念时就产生了我们通常所说的词义。反过来，当我们从词汇形式反推其语义时，当然要从组合形式入手，其中最直接的组合形式就是动宾结构。

第三，研究材料方面，大型数据语料库和各种类型辞书为研究提供了更多便利条件。语料库反映了更加真实、客观的语言使用情况，而且随着数据检索、自动标注等技术水平的不断提高，操作门槛进一步降低，语料库已成为语言研究不可或缺的手段之一。近年来，各类词典的纷纷出版也为义位研究提供了广泛的研究材料。词典义项开始成为身体动作义位研究的主要材料，而且越来越成为一种普遍的趋势。以词典义项作为研究材料，最大的优点是材料丰富、相对客观，弊端则在于未能区分概念范畴和语义范畴。词义是概念的反映，但这种反映只是认知概念的一种"紧缩"，认知概念可以看作是人类认识主客观事物的结果，它相对来说是更全面地反映了现实事物，包括根本特征与非根本特征；而词义只是与事物的某些特征有关，只要这些特征在交际中足以指称事物，传达概念就足够了，词义不能而且似乎也没有必要反映人类认知概念的全部。这样一来，利用义项来研究义位，等于是在词义这种残缺的概念反映中整理分析人类语言的语义系统，这显然是不合理的，也无法客观、全面地表现人类的认知系统在语言中的状态。我们知道，人类的语义系统通常被当作认知系统的一个子系统，与概念系统、思维系统有着密切的关系，本身也是最复杂多变的，是我们在人机对话、机器翻译的研究中碰到的最大的难题；语义系统本应当反映的是人类认知系统在语言中的表现，利用义项研究义位进而试图研究整个语义系统似乎是难以达到的。

第四，研究方法逐步完善，但是突破不大。汉语学界对身体动词的语义构成研究所取得的成果是丰硕的，这得益于汉语研究重视意义分析的训诂学传统。长期以来，对动作动词的语义研究集中在两种途径上，一是从其句法表层的搭配入手；二是从研究者对词义的主观内省入手。在具体操作过程中，仍然离不开语义场分析、语义特征分析、语义成分分析等传统的语义研究方法。随着词典学的蓬勃发展，也有学者以释义文本为研究材料，通过切分和提取释义内容来研究词汇语义。计算语言学的发展对动作动词的语义研究也有一定的促进作用，有学者采用数理统计方法，通过统计词义网络节点的数目来推算动作词族成员间的语义距离。这些新的方法都为动作动词语义研究注入了新鲜的活力。上述研究深入到了词义的微观层面，使词义的类聚得以形式化，明确了词义与词义之间的制约关系，都具有一定的合理性。但在操作方法上始终难以回避主观臆测的弊端，义素分析的结果缺乏层次性，无法实现单位分析的终极。其中一些研究仍在使用二元对立分析法，强制规定范畴的边界，其结果恐怕有待商榷。另外，有些研究中也提到了动作的实施主体"人"的存在，但是仅仅驻足于动作的发出者，并没有考虑动作发出者"人"的意图、目的等主观因素对动作语义的影响，这也是研究的缺憾之一。

第五，研究内容更加细致、深入。这一点尤其体现在大批的硕士毕业论文中。研究者更加重视特定义类，动作动词范畴下的小类研究层出不穷，语义分析甚至具体到单个词。这样的积累为汉语语义描写词典奠定了坚实的基础。

随着新理论、新方法的出现，当代汉语动作动词的研究呈现出两种趋势：一是语义影响句法的观念逐渐成为共识，学界开始关注影响动作动词句法表现的关键性语义要素；二是认知概念形成词汇语义的观念开始深入人心，从事件框架角度探求动作动词的词汇意义的研究逐渐增多。但是，在语义构成的基本要素、区别性语义要素、提取概念语义的操作步骤等方面，学界还没有达成一致的看法，这些都是有待于进一步解决的问题。本研究拟从认知语义学的角度入手，尝试对汉语身体动作动词的语义和释义情况进行研究。

第三节　理论背景、研究内容、研究方法及语料来源

一、理论背景

本研究坚持认知语义观，以百科知识为词义入口，认为概念语义和感知运动系统之间存在切不断的联系，感知和语言的接口可以允许人们在观察外部世界时形成概念，而运动和语言的接口可以允许人们作用于外部世界。本研究的理论背景主要来自以下三方面：

（1）宏事件理论和位移事件词化理论。这一理论的要旨在于围绕位移事件的词化模式来寻求意义和语言形式之间的系统性关联，进而做类型学考察。词化理论假定：语言的意义和形式皆可分解为若干子范畴，各类语义子范畴和形式子范畴之间是相互对应但又不一一对应的关系。不同的概念要素或语义要素可能整合到同一形式中表达。反之，同一语义要素也可能因语言

不同而由不同表层形式编码。在研究概念要素和语言形式的对应时，从语言形式看与之对应的概念要素的融合模式，叫词化模式研究（Talmy，1985）；从概念要素看与之对应的语言形式的分布类型，叫事件整合类型研究（Talmy，1991）。本研究欲考察汉语中身体动作动词所包含的概念要素对词义的影响，因此不考虑类型研究，只探讨词化模式理论。

（2）题元角色理论。题元角色的概念最初是由格鲁伯（Gruber，1965；转引自王葆华，2006）和费尔墨（Fillmore，1968）提出的，其含义是谓项的语义特征所蕴含的某些固有语义角色，这些角色表示谓项的语义内容所涉及的主体、客体、场所、起点、终点、工具等。题元角色概念的产生及运用反映了语言学家对句法结构与语义角色关系的关注，及对词汇意义对句法结构影响的讨论。通常认为，题元角色是由谓项指派的，谓项与题元角色之间的关系是谓项所表达的事件或活动的参与者之间的关系，因此，其性质是语义的，而非句法的；题元角色必须通过句法论元得到体现。尽管本研究把身体动作动词的句法语义排除在研究范围之外，但是谈及动作概念要素的信息编码形式时，将不可避免地涉及语义和句法的接口问题，届时将借用题元角色理论的相关术语对事件要素及其表层编码结构进行共时的描写和分析。

（3）词典释义相关理论。主要包括释义元语言理论、释义模式理论、词典编纂理论等。张津、黄昌宁（1996）、苏新春（2003）、李葆嘉、安华林（2005）、李尔钢（2007）等人先后指出"释义元语言……是用来解释词典词义的释义模式系统，是建立在自然语言基础之上的人工语言"，有其内在的系统性、规范性和可控性。章宜华（2002）、符淮青（1982，1996，2004，2006，2013）、于屏方（2006）等人先后提出了针对动作动词的释义模式理论。本研究将结合以词典中有关动词释义的理论为指导，描写和评价学习词典中的身体动作动词的释义情况。

此外，本研究在探讨动作动词的核心意义、词典释义的抽象语义参数、同义词群的构建等具体内容时，会涉及原型范畴、凸显、注意力窗口等认知语言学的相关术语和理论，此处不一一赘述。

二、研究思路

本研究的思路可以概括为："理论建构—信息解码—信息编码—释义研究"。具体内容包括：

——在理论建构上，整合宏事件理论和施事性因果链事件理论，将位移事件扩展到汉语身体动作动词参与的位移事件和变化事件，重新概括和提炼两类动作动词的概念语义框架及要素，界定其性质和内涵。

——基于两类动作动词的概念语义框架及要素，构建汉语身体动作动词抽象语义变量系统，区分系统层级，对各层级的语义变量进行定性和赋值。统计赋值结果和赋值内容，探讨构成动作语义场的一系列动作动词的具体语义内容差别之所在。

——区分认知概念范畴、词汇语义范畴和语言形式范畴，分析动作概念语义系统中的概念要素由概念层面上升至语言表层、最终整合为表层动词的信息编码过程，修正汉语动作动词的词化模式，从焦点实体的物理空间变化这一视角探讨动作事件的概念语义成分，并动态地整合成汉语身体动作动词的演变过程。

——以末级概念语义变量及赋值结果为参考标准，分析身体动作义位形式化为释义元语言的机制和规律，考察汉语学习词典中该类动作义位的释义内容，对比其释义配列式和配例中所关涉的抽象意义变量及赋值结果，从定量和定性两方面考察三部学习词典中释义信息的饱和度和质量。

三、研究方法

（一）总体原则

"工欲善其事，必先利其器。"要研究语言系统中丰富多彩的语言现象，首先必须选择合适的研究方法。徐盛桓（1992）提出，语言研究的方法分为三个不同层次——学科层次上的方法、思维层次上的方法和哲学意义上的方法。本研究将秉承基于经验主义的认知语义观，在宏观理论的指引下，通过考察语言的事实和人们运用语言的行为来探究语词的意义，探索将语言意义和认知意义转化为词典释义的最佳方案。总体原则是：

1. 宏观与微观相结合

身体动作动词的语义内涵都是基于身体与外界互动的感知和体验，在词化过程中必然呈现出一定的共性特征和规律。本研究将从动作事件的认知视角出发，首先从宏观上构建身体动作动词整体的语义结构模型，再具体到各个动词的语义要素，从微观层面分析其不同层级下的语义内涵。关于身体动作动词的释义研究亦是如此。尽管词典编纂者在实际操作中要对孤立、分散的词目一一进行语义赋值，但是他必须首先立足于整个语言的语义概念网络，确定该义位在语义网络中的位置和与其他义位的关系，在系统中选择义核、判断义值，将单一的义位研究扩展至义丛研究，再扩展至动作义位子系统，最终乃至整个隐性的语义网络。在这一研究中，宏观和微观两个角度缺一不可。

2. 实证与内省相结合

语义分析是主观化和个性化较强的研究过程。为了尽量保证客观性，使语义分析的结果能被大多数人接受，本研究在分析语义时，首先借助于北京大学中国语言学研究中心 CCL 现代汉语语料库检索以目标词为谓语的现代汉语句子，对前 2000 条检索结果进行标注，在句子成分与语义要素之间建立关联，总结语言事实，检验理论框架；同时辅以汉语母语者的语言直觉、学术经验和普通常识，对身体动作动词的意义进行观察、判断、分析和推理，既要考虑孤立状态下该词在人的认知经验中的概念意义，也要考虑具体语境下该词的变体意义。将上述内省结果与他人的内省结果加以对比，纠正个人语感的偏差，找出共性规律，构建和校正语义框架。心理实验法和脑神经实验法的相关研究成果也是验证分析结果的辅助方法。

3. 定性与定量相结合

"定性取舍要有量的依据，定性结果要有量的限制。"（安华林，2005：11）在身体动作动词的认知语义研究方面，将首先根据出现身体动作动词的语境判断其所属事件类型，分析它们归属于某事件类型的倾向性，对其进行初步分类；然后，统计各个动作动词在其表达的事件场景中出现的语义要素的分布和频率情况，分析各语义要素的具体特征；最后，根据结果重新验证身体动作动词的分类结果，确定不同层级的共类词和分类词。在身体动作动词的释义研究方面，将首先根据认知语义分析的结果制定动作义位释义不同层级下的抽象语义参数，然后对三部汉语学习词典中的释义内容进行解码，将释义中所体现的语义角色内容进行分类，统计动作义位在不同抽象语义参数下凸显的语义角色的数量；最后与动作动词的认知语义分析结果相对比，归纳认知语义要素进入词典释义的制约条件和基本原则，探究身体动作动词的最优化释义模式。

（二）具体方法

微观层面的研究方法包括：

1. "自下而上"的语料分析法

张韧（2005）曾指出："使用频率在建立知识系统的过程中起着关键作用。"也就是说，语言系统是在具体的"使用事件"的基础上形成，心理语言学实验的结论也从侧面证实了这一论断。事件框架中的概念要素不是理论推导的结果，而是从原始语料中归纳、抽取出来的，使用频率真实地反映了词汇表层形式所包含的语义内容。因此，本研究也将遵循这一理念，采用"自下而上"的语料分析法，先收集语料，在充分占有语料的前提下，根据不同句型设定检索式，归纳各类句型中伴随动作动词出现的各类语义成分，提取抽象概念要素，总结事件框架。在语料库的选取上，鉴于本研究立足共时平面，因此，选取了规模较大、语体分布均匀、检索方式灵活的北京大学 CCL 现代汉语语料库。在检索搭配词时，充分利用现有的研究成果，如张江丽（2011）对手部动词的搭配名词的研究等。

2. 认知视角下的语义成分分析法

语义成分分析法是在结构主义思想影响下产生的一种研究语言词语意义的方法，秉承了客观主义语义观，最大的贡献在于提出了词义可分的观点，但也存在一定的局限性。比如，在区分语义成分时不是终极划分，缺乏区别两个义项的绝对标准，语义成分的排列无序无层次，坚持二元对立等等。本研究将采用认知视角下的语义成分分析法，坚持原型范畴理论的语义成分属性论和语义成分组合的有序性，发掘概念属性之间的关系，探讨构成词义的语义成分之间的关系，以语义概念为出发点，观照深层语义与表层形式的匹配，兼顾动作动词词义的理解和输出，探索语言范畴与语言结构的概念基础。具体的操作方式是：首先根据动作事件确定不同动作动词所处的语义场；然后将特定语义场内的动作动词置于整个事件框架背景下进行比较分析，排除特殊语境下的临时意义，概括和归纳各自的区别性概念要素；接着根据共有和特有概念要素的多少比较近义（或同义）动作动词的语义关系距离，确定语义核心要素；最后反观概念要素的组合层次和颗粒度，概括动作动词语义要素的层级体系。

（三）语料来源

本研究的中英文语料及例句主要来源于以下几方面：

1. 北京大学 CCL 中文语料库。构建汉语单音节动作动词的概念语义参数系统的前提是充分了解单个动作动词的语义内容，需要从具体的语言使用环境中提取特定目标词的全部语义要素，因此，本研究检索了 160 个目标词在该语料库中的前 2000 条例句，从例句中归纳和总结参与词汇意义构成的各类要素和特征，进而构建整个概念语义参数系统。

2.《现代汉语词典》（第 7 版）、《现代汉语学习词典》《HSK 中国汉语水平考试词汇大纲汉语 8000 词词典》和《商务馆学汉语词典》的义项和例句。词典中的释义和例句文本既是本研究的研究材料，也是研究对象。在第二章中，本研究将以上述词典中示例作为例句，探讨汉语身体动作动词所参与的事件图式；在第六章中，本研究将结合概念语义参数系统对三部学习词典的释义和示例进行分析研究。

3. 泰尔米（2000a，2000b）原著及各版本译著中的例句。鉴于本研究以泰尔米（2000a，b）的"位移事件理论"和"位移动词词化模式理论"为主要理论背景，在探讨和深化这一理论时，本研究将直接引用原著中的英文例句来解释和说明。

4. 相关研究、论文及网络。为了保证研究内容的可比性，本研究有少量语料取自同类研究的研究成果，再结合个人的观点进行解释和阐发。

第二章

宏事件理论、动作事件与汉语动作动词

　　"事件"概念最早是作为语法研究对象而被莱兴巴赫（Reichenbach，1947）引入语言研究中的，戴维森（Davidson，1967）将其作为句子的逻辑表达式中的一个论元。此后的巴赫（Bach，1986）、帕森斯（Parsons，1990）等人对事件的理解也都是从语法研究的视角出发的，对事件的研究与动词密不可分，其研究路径包括两种：其一，用"事件"来描写和解释句子，认为句子即事件，进而从句子整体来分析动词；其二，划分动词类别，将动词的类别视为人类认知中的事件结构类型。泰尔米（Talmy，1985，2000a，2000b）则将"事件"概念引入了认知词汇语义的研究领域中，他在其著作《走向认知语义学》中全面阐释了其基于物理空间主义的认知语言观、基于宏事件的语言类型观和语言表层形式与深层语义结构相互映射的方法论，以位移事件为例，论述了多种语言中位移动词的词化过程和词化模式，拓展了词化理论和语言类型研究的广度和深度；在此基础上，将物理空间域中的位移事件扩展至其他认知域，探讨了不同认知系统下的图式系统及其在语言中的体现。

　　本章将首先简要介绍泰尔米对宏事件理论和施事性因果链事件理论的阐述，在此基础上论证施事性因果链事件与宏事件的对应关系，将动作动词分为两类；然后按照时间顺序来排列宏事件的内部要素，与动作动词所体现的施受关系建立联系；再把重新提炼汉语身体动作动词的语义核心，将动作动词的影响由"位移"扩展为"位移+变化"；最后探讨两类动作动词的概念语义框架，对其包含的具体要素进行定性和解释。

第一节　宏事件理论、施事性因果链与两类动作动词

一、宏事件理论

（一）宏事件的含义

宏事件理论的提出是基于泰尔米早年对物理空间认知域的位移事件的研究成果所提出的概念。泰尔米认为，人类都具有"离散化"的认知能力，概念分割和实体关系归类是认知过程中非常普遍的基本操作手段。借助这两种认知操作手段，人类衍生出了边界的观念，并将空间、时间等概念中的质性域所构成的连续统分割为一个个单独的实体，其中之一就是事件。事件是有界的，是指某客观实体在一定的时间进程中发生质性变化的过程。位移事件是人类认知系统中最为基础的物理空间域的事件类型之一。

各种语言中存在复杂句①的事实表明，人类头脑中存在"复杂事件"的概念。泰尔米把这种复杂事件的概念整合结果命名为"宏事件"。宏事件一般由两个简单事件构成，这两个简单事件在概念上具有一定的内在联系，一个对另一个起到一定的支撑作用，两个事件可以通过概念整合在一起，在语

---

①"复杂句"指的是在语义结构上复杂，由两个或更多的简单事件构成；并不是指语法
　　上的"复句"。

言表层可以用一个主句加上一个从句来表示，但是更常见的是用一个单句来表示①。例如：

a. 我砸了玻璃，玻璃碎了。

b. 我砸碎了玻璃。

复句 a 中包括两个简单事件，后半句"玻璃碎了"是主事件，前半句"我砸了玻璃"是副事件，表示主事件发生的背景。在这个宏事件中，副事件是主事件的原因。而单句 b 表达了同样的概念结构和内容，但是采用单句的句法形式来表达，这个概念的复合体也是宏事件。

（二）宏事件的构成

泰尔米认为，宏事件由三部分构成：

1. 框架事件，即上文中提到的主事件。框架事件是决定整个宏事件的抽象构架，认知的焦点、背景以及质性变化信息都将填充到这个框架中去。从宏事件外部来看，框架事件决定了表达该宏事件的句子的体相情况，决定了宏事件所涉及的物理空间域中的空间参考框架，决定了宏事件内部的所有（或绝大部分）的论元结构以及论元的语义角色，构成了整个宏事件的中心和重心。如果从语言表层形式来看，肯定陈述句所声称的、否定句所否定的、祈使句所命令的和疑问句所询问的都是框架事件。在宏事件内部，框架事件将副事件固定在主要概念框架之内。

框架事件是宏事件的核心，包括四个语义组成部分。泰尔米（2008b：218）将框架事件的概念结构表示如下：

我们以"小兔彼得爬进篱笆墙内"为例来解释：

（1）焦点实体。焦点实体是一个变量，通常是注意力最关注的部分，即

---

① 泰尔米并没有明确指出宏事件在语言表层通常用单句来表达的原因，但不难看出，通过概念整合将两个事件合并到一个句子中进行表达，既是人类认知和理解不同类型事件的倾向，也符合语言表达的经济原则。

[焦点实体　激活过程　系联功能　背景]框架事件

图2-1　框架事件的概念构成

"小兔彼得"。

（2）背景实体。这是被概念化为与焦点实体相关联的参照实体，即"篱笆墙内"。

（3）激活过程。这是焦点实体相对于背景实体发生变换或保持原状的动态过程，包括转变和不变两种形式。在位移事件中，激活过程表现为"位移"和"静止"，在状态变化事件中，表现为"变化"和"停滞"。在"小兔彼得爬进篱笆墙内"中体现为"位移"。

（4）系联功能。这是将焦点实体与背景实体联系在一起的某种特定关系。在位移事件中，路径概念将动体成分与背景成分联结在一起，即"进"。

即"小兔彼得爬进篱笆墙内"这个宏事件中，所表达的主要概念内容如图2-2所示：

[小兔彼得　位移　进　篱笆墙内]框架事件

图2-2　宏事件"小兔彼得爬进篱笆墙内"中的框架事件

2. 副事件，这是伴随框架事件发生的、质性变化的具体内容，对构架事件起支持作用，填充、描述、增加或激发框架事件。在建构和整合概念的认知过程中，构成框架事件的概念成分形成的是抽象图式，而副事件的概念内容相对更加具体生动。在宏事件"小兔彼得爬进篱笆墙内"里，副事件体现为动作动词"小兔彼得爬"。

3. 副事件对框架事件的支持关系，包括先导关系、使能关系、原因关系、方式关系、伴随关系和继发关系等。在这个例子中，副事件"爬"体现了"小兔彼得位移"的原因。

将以上三部分综合起来，宏事件的概念构成可以表示为①：

[事件]_{框架事件} ◀── 支持关系　[事件]_{副事件}

图 2-3　宏事件的概念构成

宏事件"小兔彼得爬进篱笆墙内"的概念构成可以用下图来表示：

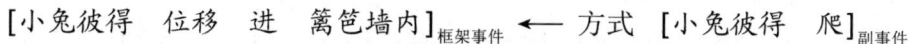

[小兔彼得　位移　进　篱笆墙内]_{框架事件} ◀── 方式　[小兔彼得　爬]_{副事件}

图 2-4　宏事件"小兔彼得爬进篱笆墙内"的概念构成

二、施事性因果链与宏事件的对应关系

（一）施事性因果链事件框架的注意力视窗化

泰尔米认为，注意力的分布也是语言认知结构的一种，也可以被视为是一种图式系统。注意力分布图式系统，与其他四大图式系统（形态结构系统、视角位置系统、力动态系统和认知状态系统）一起构成了语言中的概念结构的基础轮廓。在《走向认知语义学》上卷第三部分第四章中，他重点论述了语言中的注意力视窗化的本质和内容。

在泰尔米（2000a：257）看来，各种语言中都存在着共同的认知过程，最有代表性的一种认知策略是：当表达同一指称对象（即焦点实体）所参与的一系列连贯的情景时，我们可以通过显性表达，把情景中的一些内容突出显示出来，使其处于注意力的焦点；同时也可以通过有意省略或无意省略的方式，使该场景的剩余部分处于注意力的背景位置。这一认知过程叫作注意力的视窗化。注意力的视窗化发生之前，原来那个完整、连贯的情景是

---

①泰尔米认为，同副事件相比，框架事件是宏事件的主要成分，地位更重要，因此用首字母大写的"Event"来表示，用所有字母小写的"event"来表示副事件。译为汉语时，将"Event"及"框架事件"处理为加黑字体。

一个复杂事件。注意力的视窗化发生时，通过显性表达、处于注意力焦点范围内的概念内容被视窗化了，而被省略到背景里的概念内容则被隐藏了，复杂事件被提炼为事件框架。事件框架包括路径事件框架、因果链事件框架、循环事件框架、参与者互动事件框架和相互关系事件框架。鉴于研究需要，本小节仅介绍由施事主体引发的因果链事件框架（即施事性因果链事件框架）的视窗化过程和结果。

在施事性因果链事件中，施事主体产生意图，是因果链的开始，这个意图同时也是意志行为要达到的目标，预示了此后将要采取一系列步骤以实现该意图。如果把整个因果链切分为一系列的次事件的组合，意志行为正是诸多次事件中的首个，并导致了后续次事件的相继发生。施事主体产生意图，大脑指挥身体发出动作是次事件序列中的第二个次事件，由此引发了此后的物理因果链。因果链中的次事件相继发生，直接导致结果的次事件是最关键的，它直接导致了最终的结果。整个因果链事件中的末端是结果次事件，这也正是施事主体意欲达到的目标①。

沈家煊（2012）归纳了因果链事件框中所包含的次事件序列②。以"我打破了窗子"为例，他认为，其中包含的次事件有：

（Ⅰ）施事的行动意图引发身体运动——"我要使窗子破碎"。

（Ⅱ）施事的身体（部分或整体）运动引发物理因果链——"我发出动作"。

---

①最终发生的结果是否等同于施事主体意欲达到的目标还有待于商榷，在这一点上，英语和汉语存在一定的区别。原因是英语动词的语义中常常有"动作+结果"，但是在汉语中，"结果"要素是由补语成分单独表达的，因此，动作所造成的结果有可能与施事主体发出动作的意图存在一定的偏差。比如"我踩碎了瓦片"。这也是贾红霞（2015）等学者认为英语与汉语在表达状态变化事件和实现事件时词化模式不同的原因之一。

②有关沈家煊对认知语义学的相关论述来自网页 http：//www.docin.com/p-516084822. html。

（Ⅲ）物理因果链中的各次事件——"用手抓石头、用手拿起石头、用胳膊抡……朝窗子扔石头、石头接触窗子"。

（Ⅳ）直接导致结果的次事件①——"石头打在窗子上"。

（Ⅴ）结果次事件＝施事意欲达到的目标——"窗子破了"。

构成完整的因果链事件的一系列次事件并不是均衡地分布在人的注意力范围内的，而是有些处于前景部分，有些自动隐藏到背景部分。这是因为人脑在进化过程中已然形成了自动区分显著信息的机制（2000a：276）。注意力是人类在处理信息时给大脑分配工作任务的一种选择机制。在该认知机制中，意图和结果是注意力系统最关注的内容；而为了实现意图而采取的各种手段则并不那么重要。这是因为，在施事性动作事件中，处于因果链中间的各个次事件，也就是一系列的分解动作，是人体内神经系统、运动系统等生理机能协调合作的结果，已经内化为人体的本能反应，除非特别关注，都应处于注意力窗口的边界之外，也就是认知概念框架的背景部分。次事件（Ⅰ）和（Ⅴ）则非常显著，处于注意力的前景部分。

泰尔米（2000a：278）认为，在因果链事件的诸多次事件中，施事主体和事件结果一定处于注意力的前景范围。具体地说，在"我砸破了窗子"中，"我"是引发事件的施事，"窗子破了"指明最终的结果，这些都是注意力系统关注的前景信息。被自动省略到背景信息的次事件包括：（1）施事为了实现意图而可能采取的一系列身体动作，比如"弯腰、动手抓石头、站起来、用手举起石头、抡起胳膊、放开手里的石头、向前投掷"等；（2）描述所凭借工具的运动轨迹的次事件，比如"石头破空而去最终与窗子接触"；（3）最终结果发生之后的后续其他次事件，比如"石头穿过窗子、石头落到

---

①尽管倒数第二个次事件直接导致了结果次事件的发生，但是这并不意味着前者一定是后者的致使原因（cause）。同副事件与框架事件之间的关系一样，倒数第二个次事件与最终的结果次事件之间可能存在着多种支持关系，比如前者比后者先发生、前者是后者的前提条件、前者是后者的原因或方式等。

地上"等。

泰尔米（2000a：278）认为，还有一个可能处于注意力前景部分的次事件是最挨近结果次事件的倒数第二个次事件，即"（Ⅳ）直接导致结果的次事件——石头打在窗子上"。仍以"我打破了窗子"为例，因果链中各级次事件（Ⅱ）、（Ⅲ）和（Ⅳ）可以细化为如下一系列次事件：

（ⅰ）用手去抓石头

（ⅱ）拿起石头

（ⅲ）用胳膊抡石头

（ⅳ）朝窗子扔石头

（ⅴ）推动石头脱手而出

（ⅵ）用石头打在窗子上

在以上连续发生的次事件中，只有"（ⅵ）用石头打在窗子上"是导致"（Ⅴ）窗子破了"的直接原因，也是最挨近结果次事件（Ⅴ）的倒数第二个次事件，因此，可以进入注意力窗口凸显出来。

综上所述，在施事性因果链事件框架中，处于注意力的前景部分的是：（1）施事；（2）结果；（3）直接致使次事件。其中"直接致使次事件"可能不出现。在因果链次事件序列中，分别体现为第一个次事件和最后两个次事件，中间的次事件直接被隐藏了。泰尔米将这种跳跃凸显认知框架内特定次事件的概念化过程叫作"不连续的窗口化"。施事性因果链事件框架用公式表述为：

施事主体 + 结果次事件 （+直接致使次事件）

图 2-5 施事性因果链事件框架的概念构成

（二）施事性因果链事件框架与宏事件框架的对应关系

泰尔米认为，施事性因果链是触发整个宏事件的起始概念，导致框架事件和副事件的发生。这是将人类对时间序列的感知引入了宏事件的研究中。
他用图 2-6 表示时间序列中宏事件的概念构成：

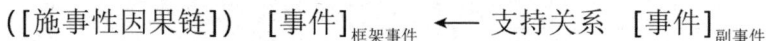

（[施事性因果链]） [事件]$_{框架事件}$ ← 支持关系 [事件]$_{副事件}$

图 2-6 时间序列中宏事件的概念构成

如果将施事性因果链事件框架中处于注意力的前景部分（即施事、结果
和直接致使次事件）与宏事件的概念构成要素相对照，我们发现，这两个认
知框架中的各个要素存在着密切的关联（泰尔米，2000b：229-230）。首
先，施事性因果链事件框架所凸显的施事主体对宏事件中的焦点实体（即受
事客体）施加影响是整个宏事件得以发生的前提；其次，焦点实体在施事主
体的影响下在空间或时间上发生维度的变化，即结果次事件，正是框架事件
所表达的内容；再次，施事对焦点实体所施加的影响，可能要经过一系列的
次事件链连续发生才能得以实现，最直接导致这种空间或时间上的维度变化
是倒数第二个次事件（即直接致使次事件）的作用，它直接对应了副事件；
最后，直接致使次事件和结果次事件之间的支持关系与副事件与框架事件之
间的支持关系也是对应一致的①。我们可以用图 2-7 来表示两个框架之间概
念要素之间的对应关系。

三、身体动作动词的分类

人体与外部世界的互动直接影响人类的思维和语言，这是"身体经验"
认知观的基本构想之一。人通过自身与外界环境互动而产生感觉和经验，促

---

①直接致使次事件和结果次事件之间的支持关系是复杂的。尽管直接致使次事件是结果
次事件发生的前提，但是二者之间的关系并不一定局限为"因果关系"，也可能是其
他关系。举例来说，在"小兔彼得爬进了篱笆墙内"中，结果是"进了篱笆墙
内"，直接致使次事件是由自主动作动词"爬"来表述的，两者之间的关系是"方式
关系"。这与汉语身体动作动词的内部类别有关系，第二、三节将进一步详述。

施事主体　　结果次事件　　　　←　支持关系　直接致使次事件

作用于　　　　等同于　　　　　　　　　　　　等同于

[焦点实体　激活过程　系联关系　背景]框架事件　←　支持关系　　[事件]副事件

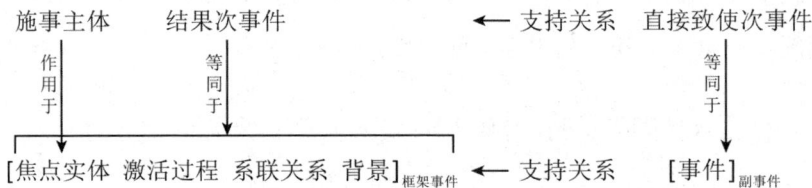

图 2-7　施事性因果链事件框架与宏事件框架的对应关系

使人用身体动作动词来表达认知主体与认知客体的交互关系。如果从抽象的物理主义视角出发，我们认为，动作动词反映了物理世界中一对物体的作用力相互较量的过程，施事主体是作用力物体，焦点实体是反作用力物体，前者向后者施加力的作用，使后者处于运动或静止状态，最终实现力的平衡状态。这种最终的平衡状态就是动作的结果。泰尔米（1988：53）以位移动词为例解释了物理世界中的施力方和受力方的互动映射到语言世界的位移动词的过程。汉语中原本并没有"位移动词"一说，只有行为动词和动作动词之分，一般来说，在实义动词中，从施事主体（通常为人或其他动物）的身体体验出发，表示具体的、简单的动作姿势的词叫作"动作动词"，如"捏、挑、踩、攀登"等；施事主体（通常为人，可能是单个的，也可能是群体的）发出的，表示由一系列具体动作构成的、较为复杂的活动的词叫"行为动词"，如"参观、挖掘、考察"等。在任何一种语言中，身体动作动词都是语言的核心，是一个封闭类。基于研究目的，本研究将研究对象限定在从《现代汉语分类词典》（*A Thesaurus of Modern Chinese*，苏新春，2013）中筛选出的 160 个单音节身体动作动词上，暂不考虑行为动词。

（一）汉语动作动词的分类研究

汉语单音节动作动词的意义具有以下特点：发出动作的主体多数情况下是人，也有少数可以同时表示人或动物的动作，如"驮、跳"等；动作所涉及的客体不只限于受事角色，工具、材料等也是受到动作直接影响的实体，有时甚至取代受事而成为认知前景信息；同英语等语言不同，动作动词的概念语义中通常不包含"结果"，动作结果由各种补语和助词来表达。根据李金兰（2006）统计，汉语中身体动词约占动词总数的 6.35%。对动作动词的次范畴分类由于标准不同，有以下几种情况：

1. 根据句法表现，把能够或必须带宾语的动作动词叫作"及物动词"，与之相反的叫作"不及物动词"，例如：

①刘若英扮演的女贼大口地嚼着饭……　　　（嚼：及物动词）

②（李老汉瘸了一条腿，）蹦着跳着跟了上去。（蹦、跳：不及物动词）

2. 根据"身体动作是否施及发出该动作的身体器官以外的'外物'"（王珏，2004），把身体器官所发出的动作"能施及该器官之外的人或物"的动作动词叫作身体及物动词，把身体器官所发出的动作"仅仅能施及发出该动作的身体器官，不能施及外物"的叫身体不及物动词，例如：

③摸摸他的头/摸摸小狗/摸摸自己身上　　　（摸：身体及物动词）

④伸手/伸舌头/伸出伪足①　　　　　　　　（伸：身体不及物动词）

3. 依据语义要素凝结成词的词化模式理论，认为动作动词的核心语义是位移，把动作动词分为"原因动词"和"方式动词"（王文斌，2004），前者表明施事主体出于某种原因实施该动作，后者表示施事主体以某种特定的方式实施该动作。例如：

⑤扔石头/抬桌子/推门　　　　　　　（扔、抬、推：原因位移动词）

⑥跑进来/跳远了/靠在床头　　　　　（跑、跳、靠：方式位移动词）

也有学者认为用"位移"来概括动作动词的核心语义是不合适的，因而提出动作动词分为"动作+原因"和"动作+方式"两类（罗思明，2007）。

---

①本研究不赞同这种分类方法，在实际语料中，经常可以看到"伸出一支枪、伸过来一面小白旗"这样的例句。可见动作动词"伸"并非严格意义上的"身体不及物动词"。

4. 根据宏事件类型以及与施事性因果链的关系，将动作动词分为"主动运动动词"和"致动运动动词"（刘岩等，2013），前者指动作主体自主地发出运动，不受外力影响；后者指动作主体对客体施加影响，致使客体运动。例如：

⑦跑过来/走进来/跳下去　　　　　　（跑、走、跳：主动运动动词）

⑧扔出去/吹走了/敲进去　　　　　　（扔、吹、敲：致动运动动词）

（二）外施事动作动词与自施事动作动词

施事性因果链触发了宏事件，使焦点实体在施事主体的影响下发生了空间和时间上的系列变化，这也正是施事主体发出动作、产生结果的系列过程。在宏事件中，焦点主体是注意力最关注的前景信息，施事主体是导致一系列致使次事件依序发生的原动力，二者之间的互动就是动作动词所表述的全部信息内容。动作动词犹如一道桥梁，将动作的实施者和承受者紧密地连接在一起。因此，本研究拟从施事主体和焦点主体的重合关系入手，将动作动词分为如下两类：

1. 外施事动作动词，焦点实体通常是物、其他人或人的某身体部位（包括施事主体自身的身体部位），换言之，施事主体（包括人和动物）施加动作的对象是"与己无关的外物"（王珏，2004）。例如：

⑨一不留神碰翻了烛台。

⑩意大利球员再次将球踢回来。

⑪请大家把胳膊举过头顶。

在上述三个例句所描述的宏事件中，焦点实体分别是"烛台、球、胳膊"，施事主体将它们视为动作的承受者，动作的直接影响是焦点实体发生位置的移动（回来、过头顶）或者状态的变化（倾翻），而施事主体并不与焦点实体一起移动或变化。这类动作动词的语义核心包括位移和变化，动作本身可能是结果的前提条件、方式、原因等，在句法上一般可以后接多种语义角色的宾语。这类动作动词比较常见，根据统计，本研究中涉及的此类动词共 141 个，占 87.58%。

2. 自施事动作动词，焦点实体等同于施事主体，即受动作影响而发生时间或空间上的变化的焦点主体也就是发出动作的主体本人（有时包含动物）。如：

⑫淑芬无力地<u>靠</u>在角门上。

⑬这淘气小子一溜烟儿地<u>跑</u>远了。

⑭我们好不容易<u>爬</u>上了山顶。

在上述三个例句所描述的宏事件中，焦点实体分别为"淑芬、这淘气小子、我们"，动作的直接影响是物理空间的静止或运动，导致其保持静止或发生运动的施事主体就是焦点实体本身。"靠、跑、爬"这类动作动词的语义核心可以概括为位移（包括静止或运动两种情形），伴随着特定的身体姿态，在句法上后面不能接宾语。这类动作动词数量较少，在本研究选定的 160 个目标词中，仅有 19 个，占 11.88%。自施事动作动词又可分为两类，一类是表示发出动作的人以特定的方式运动，如"跑、跳、爬"等；另一类是表示发出动作的人身体姿态改变，如"站、躺、靠"等。

从施事主体和焦点主体的重合关系出发，本研究将动作动词分为外施事类和自施事类。理由是：动作的发生是一个连贯的情景，包含多个可以被切分、细化的次事件，每个次事件前后紧密衔接，构成了动作从开始到结束的完整序列。然而，人类的注意力并不是平均分配在每个次事件上，而是有所取舍，"显性表达，使处于连贯指称情景中的一部分处于注意力的焦点，同时通过省略的方式使该场景的其余部分处于注意力的背景位置"（泰尔米，2000a：257）。注意力的焦点（即焦点实体）与触发整个宏事件的施事主体必然成为人的注意力系统中最为重要的内容。此外，"施事—动作过程—动作客体—动作结果"也是最符合人对事件过程的认识和理解顺序的，将动作动词纳入其参与的施事性因果链事件和宏事件中进行研究，能够更好地探讨其概念语义的构成。

第二节　汉语动作动词的概念语义结构

一、宏事件的类型和概念核心

泰尔米早期对事件的研究集中在物理空间的位移事件上，随着研究的深入，他发现，在不同的认知域内还存在其他事件类型，它们都具有同位移事件十分相似的语义结构和句法特征表征。也就是说，用来表达语义的本质和核心的框架事件是一个抽象的图式，可以在不同的认知域内实现。根据这些不同的图式，宏事件可以划分为：

——表示物理空间内运动或静止的位移事件。例如：

⑮The ball rolled in.　　　　　　　（译为：球滚了进来。）

——表示事件在一定时间范围内进行的廓时事件。例如：

⑯They talked on.　　　　　　　　（译为：他们一直在谈话。）

——表示状态保持不变或发生改变的变化事件。例如：

⑰The candle blew out.　　　　　　（译为：蜡烛吹灭了。）

——表示多个动作互相关联的协同事件。例如：

⑱She sang along.　　　　　　　　（译为：她跟着（别人）唱。）

——表示完成或确认的实现事件。例如：

⑲The police hunted the fugitive down.　（译为：警察抓住了逃犯。）

在以上五种宏事件中，其框架事件都是由焦点实体、激活过程、系联功能和背景四部分组成的，具体内容略有不同。例如：位移事件的语义结构包括焦点实体、位移或静止、路径和背景四部分；变化事件的语义结构由与某特征相关的物体（或情景）、变化或静止、转变类型和状态（或特征）四部分组成；实现事件的语义结构由受事（或施事或行为）、意图实现、转换类型和行动过程四部分组成。廓时事件和协同事件的语义结构虽然存在争议，但也都符合[**焦点实体　激活过程　系联功能　背景**]框架事件的组织形式。在这五种框架事件中，抽象认知图式具有高度的象似性，结合例子来看：

——位移事件表示物理空间域内焦点实体从某地点到另一地点的运动（含静止）。例如：

⑳The ball rolled in.　　　　　　（译为：球滚了进来。）

焦点实体"the ball（球）"从 A 处位移进入 B 处。

——廓时事件表示时间域内单个动作行为从某时间点到另一时间点的延续。例如：

㉑They talked on.　　　　　　（译为：他们一直在谈话。）

焦点实体"谈话的内容"从时间点 A 持续到时间点 B。

——变化事件表示性质状态域内特征或情境从改变前到改变后的变化（含不变）。例如：

㉒The candle blew out.　　　　　　（译为：蜡烛吹灭了。）

焦点实体"the candle（蜡烛）"从状态 A"燃烧"转变为状态 B"熄灭"。

——协同事件表示多个施事主体进行某动作行为时由单独完成到合力完成的次序变化。例如：

㉓She sang along.　　　　　　（译为：她跟着（别人）唱。）

焦点实体"歌曲等"从次序 A（原本"她"唱）转变为次序 B（"别人和她"一起唱）。

——实现事件表示认知域内某意图由潜在阶段发展到实现阶段的确定程

度（或实现程度）。例如：

㉔The police hunted the fugitive down. （译为：警察抓住了逃犯。）

焦点实体"嫌疑犯"从状态 A"unhunted（没被抓住）"转变为状态 B"hunted（被抓住了）"。

"位移"表示物理空间内的转化关系，"持续、转变"表示时间序列上的转化关系。从空间到时间，转化关系从"静止和位移"变成了"停滞和变化"，后者对前者的引申。在深层语义结构上，位移事件是其他四种事件的原型范畴（泰尔米，2000b：40），后四种事件都是位移事件在不同认知域内的延伸和类推，是将"状态、变化、过程、行动、事因、目的和方法等以隐喻的方式表达为空间、力和运动"（李一李，2012：46）。

空间的位移、时间的进展、状态的变化、动作的协同和意图的实现这些事件表面上看来似乎毫无关联，实则具有相同的概念化模式，在深层语义结构和表层句法形式上也存在着高度的相似性。莱考夫和约翰逊（Lakoff 和 Johnson，1999：171）认为，所有概念系统在本质上都是隐喻的。在宏事件的各种下位类型中，位移事件是原型，其他四种事件都是其隐喻或转喻的结果，可以视为不同认知域里的"静止或运动"，对于这样的"静止或运动"，我们通常将其合并，并概括为"抽象的变化"，也就是语言哲学中常常提到的"变化即运动"（Zoltán Kövecses，2010：208）。影山太郎（2001）在词汇分解的基础上总结和归纳了动词的六种概念结构类型，其中，动作动词直接指向物理位移和抽象变化（转引自吕云生，2009）。本研究认为，尽管在不同的认知域中，位移体现为不同的概念要素，具有不同的形式表现，但总的来说，位移（包括静止）和变化（包括不变）是动作的直接影响，是动作所参与的宏事件的概念核心。

二、宏事件与动作动词的"意义—形式"对应关系

"意义—形式"的对应关系是诸多语言学家的毕生追求。泰尔米认

为，确认语言意义与表层形式之间的关联要经过如下步骤：第一，判定语言中存在哪些语义实体；第二，判定语言中存在哪些形式实体；第三，观察语义实体是由哪些形式实体表达的，以何种方式和关系组合，并记录下所有的组合模式；第四，比较不同语言中的组合模式类型，记录下所有元模式；第五，比较某一语言内部不同层面的组合模式类型，并与元模式进行对比，观察是否有所转换；第六，从认知角度考察以上现象发生的过程和结果（泰尔米，2000b：22）。他通过这种方法探讨了位移宏事件中语义和形式的匹配关系，提出汉语同英语一样，位移事件句中的主要动词融合了位移、副事件、支持关系这三个语义要素，其词化过程可以用图 2-8 来表示：

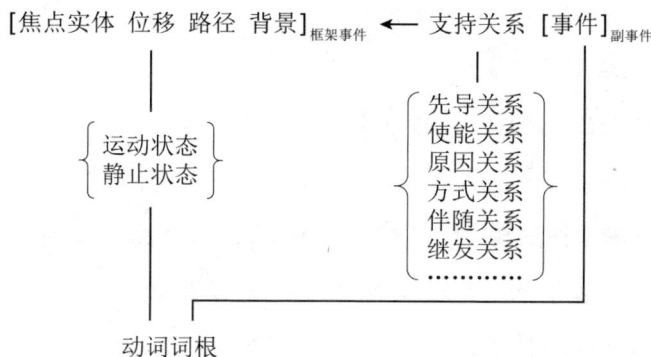

[焦点实体 位移 路径 背景]框架事件 ◀━━ 支持关系 [事件]副事件

{ 运动状态 静止状态 }

{ 先导关系 使能关系 原因关系 方式关系 伴随关系 继发关系 .... }

动词词根

图 2-8 英语、汉语位移动词词化模式

下面，我们来看一些位移动词的词化模式。先以英语中的一些动词为例：

①lie 静止+方式副事件

The lamp *lay* on the table.

台灯**倒**在桌子上。

［台灯位于桌子上］的方式是［倒］

②roll　位移+方式副事件

The rock *rolled* down the hill.

石头**滚**下了山。

［石头位移到山下］的方式是［滚］

③press　静止+原因副事件

He *pressed* his back against the door.

他把后背**靠**在门上。

［他的背在门上］的原因是［（他）靠］

④kick　位移+原因副事件

I *kicked* the keg into the storeroom.

我把小桶**踢**进了储藏室。

［小桶位移进了储藏室］的原因是［（我）踢］

泰尔米认为，在除罗曼语以外的印欧语和汉语中，位移动词的词化模式都是"**位移+副事件及其支持关系**"。反而言之，深层语义结构中的副事件编码为句子中的核心动词（即动作动词），至于宏事件中表示核心图式的"路径"要素，则编码为附加语成分，如汉语中的趋向补语和路径动词、英语中的方向性小品词等。以汉语中的一些动词为例：

⑤跑　位移+方式副事件

他蹬噔噔地**跑**下楼来。

［他位移到楼下］的方式是［跑］

⑥搬　位移+原因副事件

早有人**搬**了一把梯子来。

［梯子位移到这里］的原因是有人［搬］

变化事件是位移事件的扩展和延伸，具有同位移事件一样的深层语义结构和表层句法形式。吴建伟（2009）、任龙波等（2015）、李福印（2015）、贾红霞等（2015）、邓宇（2016）、林海云（2017）等研究者先后研究了变化宏事件的内部结构及其与现代汉语双及物动结式、存现句等句法形式的关联，均认为：在汉语中，表达广义上的变化事件的句子（或构式），与表达位移事件的句子一样，都是用核心动词（即动作动词）给副事件编码，用附加语给框架事件编码，变化动词的词化模式为"**变化+副事件及其支持关系**"。例如：

⑦推　变化+原因副事件

班长一把推开了大门。

［大门变化成"开"的状态］的原因是班长［推］

⑧煮　变化+方式副事件

米饭早就煮熟了。

［米饭变化成"熟"的状态］的方式是有人［煮］

泰尔米指出，副事件与框架事件之间的关系是多样的，原因关系（也译作"致使关系"）和方式关系是世界各种语言中最普遍、最常见的类型①。这也是将外施事动作动词与自施事动作动词相区别的另一个条件。概括地说，在外施事动作动词的概念整合过程中，副事件对框架事件的支持关系为"原因"；在自施事动作动词的概念整合过程中，副事件对框架事件的支持关系为"方式"。

综上所述，本研究对宏事件中的概念语义要素整合上升为动作动词的过程进行了进一步的提炼，认为构成汉语身体动作动词的概念语义构成可以概括为"**位移｜变化+副事件**"。

三、动作动词的施受关系与副事件的概念语义结构

副事件是伴随框架事件发生的、质性变化的具体内容，对构架事件起支

---

①副事件与框架事件之间的支持关系是多种多样的，就连泰尔米及其追随者也没有罗列出全部的类型，本书在第五章中继续论述这个问题。

持作用，填充、描述、增加或激发框架事件。在建构和整合概念的认知过程中，构成框架事件的概念成分形成的是抽象图式，而副事件的概念内容相对更加具体生动。副事件同框架事件相比，地位是不平等的，多数情况下，副事件在宏事件中处于附属状态，提供补充信息。以宏事件"小兔彼得爬进篱笆墙内"为例，简单地说，副事件"小兔彼得爬"给"小兔彼得位移进入篱笆墙内"这个框架事件补充了方式信息。在这个宏事件中存在一个隐性的施受关系，即动作主体"小兔彼得"作用于自身（即焦点实体），采取某种特别的方式"爬"，由原来的地点位移到了"篱笆墙内"。本研究用图 2-9 来表示"爬"等自施事动作动词参与的宏事件的语义结构：

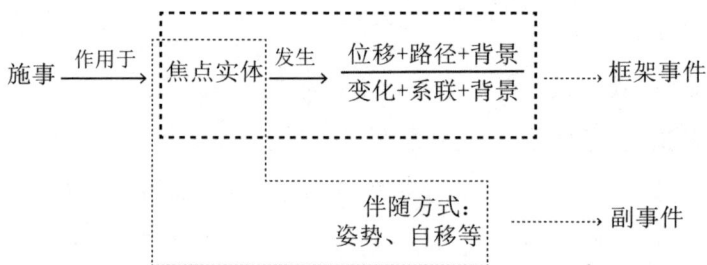

图 2-9　自施事动作动词参与的宏事件的语义结构图

如图 2-9 所示，对于自施事动作动词来说，副事件整合了焦点实体（也是动作主体自身）发出动作时所伴随的方式信息，如身体姿态、自移方式等。之前提到，构成汉语身体动作动词的概念语义构成可以概括为"**位移 | 变化+副事件**"，在这里，自施事动作动词的概念语义构成可以进一步具体化为"**焦点实体+伴随方式（姿态、自移等）+位移 | 变化**"。

再来看外施事动作动词。以宏事件"工人从架子上摘下一串葡萄"为例，副事件"工人摘"为副事件"葡萄从架子上位移"补全了原因信息。在外施事动作动词的语义结构中，施受关系是显性的，即动作主体"工人"作用于焦点实体"葡萄"，通过施力和接触，使动作客体"葡萄"位移离开原

来的位置"架子上"。按照时间顺序,外施事动作动词参与的宏事件的语义结构可以用图 2-10 来表示:

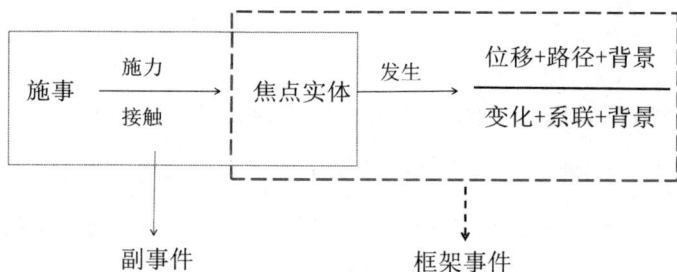

图 2-10 外施事动作动词参与的宏事件的语义结构图

如图 2-10 所示,对于外施事动作动词来说,副事件整合了动作主体作用于焦点实体(即动作客体)时所伴随的原因信息,本研究将这个原因信息具体化为"施力"和"接触"。之前提到,汉语身体动作动词的概念语义构成可以概括为"**位移丨变化+副事件**",在这里,外施事动作动词的概念语义构成可以进一步具体化为"**施事+施力丨接触+焦点实体+位移丨变化**"。

第三节 两类动作动词的概念语义框架

"动词的意义必须参照包含丰富世俗知识和文化知识的背景框架"(Goldberg,1995:25-31;转引自张建理,2012),对动词的词汇语义的理解离不开动词所处的事件及其相关的参与者。从朴素的体验观可知,绝大多数动作都是人类发出的,动作是人类感知和认识世界的第一手段。体现在语言中,动作动词自然成为动词范畴的典型中心成员。但是动作动词本身是不自立的,其语义内容要接受动作参与者的补充、调整及限制,要将其置于整个宏事件中综合考量。语词的概念是互相联通的,当我们探讨动作动词的词汇意义时，不能仅仅单纯地考察动作动词自身的孤立含义，而是要纵览动作动词所处的语义框架，根据动作角色、动作内容以及动作产生的影响来描绘动作动词的语义内涵。

一、外施事动作动词的概念语义要素及框架

探讨动作动词的意义不能仅仅局限于施受关系，还要将其产生的影响、效果、结果等也纳入考虑范围内。如果将外施事动作动词所引发的位移事件和变化事件视作一个紧密结合的知识网络和信息集成体，那么与该动作密切相关的内容绝不仅仅限于传统语义研究中的各类名词性谓元，而是包含了各类基于人类经验而构成的概念信息模块。项克等（Schank & Abelson，1975）将这种概念语义框架命名为"脚本"，认为这是"一系列顺序事件的知识结构"（转引自程琪龙，2006）。要理解词汇层面的语词，需要启动一整套相关的百科知识框架，并且凸显该框架中与该语词直接关联的概念语义要素，即动作角色、动作内容和动作影响。

（一）动作角色：施事、客体、工具和材料

所谓动作角色，是指概念语义网络中动作动词所关涉的、影响对该动作动词意义理解的物质实体。张建理、房战峰（2013）提出："动作本身在事件图式上并不凸显，但为重要参与者和整个事件提供过程性凸显点。"在概念语义网络中，外施事动作动词所关涉的物质实体主要包括以下三种类型。

1. 施事

施事是动作的主体，也就是"行之所自发者"（马建忠，1898）。邓守信（1983）认为："动作动词，无论及物或不及物，都规定要带施事。"可以说，只要确定了动作动词，就"大体上可以推定施事"（范晓，2008）。绝大多数的动作都是由万物之灵人类发出的，语言也是人类创造的，因此可以推定，在外施事动作动词参与的宏事件中，绝大部分的施事应当是人，其次是

有生的动物。范晓（2008）曾提出：名词充当施事主语的强弱等级为"人类名词>动物名词>植物名词>无生名词（包括事物名词、事件名词、抽象名词等）"。严格来讲，只有人类名词和动物名词才能算是真正意义上的动作主体，植物名词和无生名词充当动作动词的施事只能算是引申、隐喻甚至比喻用法①。

现代汉语中还有用身体部位代替人充当施事的情况，比如"手握钢枪"。高虹（1993）认为发出动作的具体身体部位当被视为施事主体实施动作的凭借工具，并将其命名为"准工具"。本研究则认为，任何一种动作动词本质上都是由施事主体的身体部位发出的，这是用身体部位转喻整个人体，也可以视为凸显了直接实施动作的具体部位。发出动作的身体部位归根结底是施事主体的构成部分，当属施事性成分。发出动作身体部位多数是手，也有其他身体部位，某些动作还特别指明了身体部位的姿势，比如"掐脖子"的动作部位特指手的虎口处。

此外，发出动作的人的主观能动性也是不可忽视的。施事主体的意图是整个动作过程的触发点，是动作次事件序列的第一环节，并由始至终伴随着动作过程。施事主体发出某种动作，可能出于某种特殊目的，也有可能是无心之举；动作造成的影响可能与施事的意图一致，也可能存在一定的偏差。施事意图与动作结果的不完全一致现象正是现代汉语补语语义指向多样化的原因之一。鉴于本研究的目的在于理解和解释动作动词的原型认知意义，本研究仅关注动作概念语义网络中施事意图与动作影响相一致的部分，不一致的部分留待未来继续思考。

①跨语言的类型比较也证明了有生施事和无生施事的差别。根据罗仁地（LaPolla，1992，1994，2004）对羌语方言的研究，切邦语（Chepang）、内瓦尔语（Newari）等语言中有生施事的语法标记是强制性的，而无生施事的语法标记则是非强制性的。

2. 客体：本原客体和其他客体

客体与施事主体相对，是承受动作影响的物质实体。客体在句法层面上多体现为宾语。孟琮等（1984）曾详尽地将宾语的语义类型归纳为"受事、结果、对象、工具、方式、处所、时间、目的、致使、施事、同源、等同、杂类"共计 13 种。与其相比，其他同类研究（李临定，1986；马庆株，1987）在分类体系和术语命名上略有不同，本质区别不大。高云莉等（2001）统计了《动词用法词典》中前 150 个动词的宾语语义类型情况，结果显示，与动词搭配能力由高到低的宾语语义类型为：受事（65%）>对象（32%）>结果（19%）>工具（13%）>处所（12%）>施事（8.7%）>方式（6.7%）>致使（6%）>目的（4.7%）>原因（3.3%）>等同（2.7%）>时间（1.3%）。

戴浩一（Tai，1985）曾探讨过汉语句法结构与概念结构的象似性问题。他认为："汉语语法参照相当于概念领域的原则，多于参照在句法和形态范畴上起作用的语法规则。"尽管高云莉等（2001）的统计对象是动词，范围略大于本研究探讨的动作动词，但是我们大致推测，在现代汉语中，动作动词所关涉的客体主要包括受事、对象、结果等，其他诸如处所、时间、目的等与动作概念有一定的联系，但是并不足以影响动作动词本身的意义。

张建理（2012）认为："动词与其高频共现并在心智中最易联想到的名词所形成的复合象征单位，它具有特殊的事件图式，有完形效应，并可以对含有新的参与组分的构式句进行范畴化。"本研究将这个"最易联想到的名词"命名为概念系统中的"本原客体"①，它是受动作影响的诸多物质实体范畴中的最典型范例，在人类认知中的熟悉度和显著度最高，一般是动作的

---

① 本原客体是将外施事动作动词和自施事动作动词相区别的关键概念，后者的概念框架中是不存在这一要素的。因此，王珏（2004）所提出的身体及物动词（如"眨眼睛、伸手"）当属外施事动作动词；而表示动作主体在自己身体以外的一定范围内活动、但并未发生整体位置变化的自含运动，如"转、摇、摆、抖"等动词，其本原客体要么为施事主体的身体部位，如"转身、摇头、摆手、身子一抖"，要么为身体以外的事物，如"转轮盘、翻书、抖床单"，因此，也属于外施事动作动词。

承受者——受事，但是也有可能是对象或结果。比如"敲"的本原客体是受事（门、钟等），而"挖"的本原客体则是成事（洞、坑等）。除了本原客体以外，其他认知度相对显著、出现在动名搭配结构中频率相对较高的客体成分，本研究将其统称为"其他客体"。

3. 工具和材料

工具是指动作所依靠的物质实体，是将施事（含发出动作的身体部位）和客体产生物理接触的凭借。同施事和客体不同的是，工具概念仅在个别动作的概念网络中是必要的动作角色，比如"锁、锤、钉"等。毕竟大多数的人类动作都是通过身体部位直接完成的，不需要凭借其他工具的帮助。

材料也是动作动词关涉的物质实体之一。孟琮等（1984）将材料宾语并入工具宾语中，但谭景春（1995）提出不同意见，并从句法、搭配、句式变换等多个角度论证了材料与工具显然属于完全不同类型的语义成分。本研究采纳了谭景春（1985）的观点，将材料宾语视为动作概念语义框架中动作角色之一，但与工具概念相区别，理由是：工具概念是连接施事与本原客体的物质实体，也是施力和接触的凭借之一，而材料通常是动作处置的物质来源。

（二）动作内容：施力和接触

所谓动作内容，是指施事主体对客体产生影响的具体方式和过程。在动作动词参与的施事性因果链宏事件中，动作内容体现为施事运动的特定身体部位、沿一定方向施加力的作用、直接或间接接触客体的一系列具有特定顺序的次事件，运动、施力和接触构成了动作内容的三个基本要素。维贝里（Viberg，1983）根据力的传递与接触的先后顺序，将动作动词区分为"运动—接触"动词和"接触—运动"动词，前者如"碰、敲"等，后者如"扔、推"等，对"施力"要素避而不谈，因为在维贝里看来，在物理空间中接触与施力是同步发生。本研究认为，维贝里所提的"运动"概念本身是不严密的①，动作的内容无需考虑身体部位是如何运动的，施力和接触足以概括动作的本质。

1. 施力

施力是指施事发力、导致客体发生位移或变化的动作。考察施力的角度有：①力度，包括用力地、轻轻地、适中地等。②方向，包括由高处到低处、以身体为中心向外、来回、转圈等。③速度，包括快、慢和不定。④频率，包括单次施力和多次施力。

2. 接触

接触是指施事所发出的、导致施事的特定身体部位（含借助工具的情形）与客体发生物理接触的动作。根据持续时间的长短，可以分为持续接触和分离接触。

（1）持续接触包括两种：

①位移接触，指发出动作的身体部位（或工具）不仅对所接触的客体施力，并且随之一起发生位移，如"推、拧"等；接触客体之后，身体部位（或工具）跟客体不分开。

②静止接触，指发出动作的身体部位与客体保持长时间的接触，身体部位施力，但是客体并不发生位移，如"搓、蹭"等。

（2）分离接触也包括两种：

①前提接触，指施事的身体部位接触客体是施力的前提条件，客体在力的作用下与施事身体部位立刻分离并位移，如"扔、甩"等；

②终点接触，指施事运动身体部位，朝客体方向施力，与客体接触的一

---

① 维贝里（1983）认为，身体动作动词开始于身体部位的运动，然后接触受事客体，这样来看，可以认为身体动作是一种"运动—接触"概念。换一个角度而言，身体动作动词开始于身体部位接触受事客体，然后对受事客体施加力的作用，从而导致受事客体运动，这样来看，又可将身体动作看作一种"接触—运动"概念。事实上，这种"运动"概念是有歧义的，前者指身体部位的运动，后者指焦点实体的运动。

刻结束施力，身体部位运动的终点是接触点，如"拍、碰"等。

　　除了以上四种接触方式之外，还有两种特殊情形。一种是动作主体使用工具进入、穿过受事，受事实际上是工具位移经过的路径，如"刺、切"等，本研究将其命名为"突破接触"。另一种接触发生在动作部位和动作客体（尤其指受事）之间，动作部位是动作客体发生位移或变化的场所或经由的通道，如"吃、套"等，本研究将其命名为"经由接触"。

　　接触也涉及频率。有些动作，如"穿、披"，是单次接触；有些动词，如"涂、敲"，既可能是单次接触，也可能是反复接触。

　　考虑到工具这一动作角色，接触还可以分为直接接触（无工具）和间接接触（有工具）。接触双方的性质也是重要的概念要素。前一种类型的接触双方是身体部位和客体，后一种类型的接触双方是工具与客体①。

　　（三）动作影响：位移、变化

　　动作产生的影响作用于施事、客体和工具这三个与动作密切相关的物质实体上，我们通过动作角色（主要指本原客体）经历动作过程之后的前后差别来验证动作产生的影响。正如前文所述，动作动词产生的影响主要有两个。

　　1. 位移

　　在物理空间中，力的作用导致物体发生位移是人类的直观经验之一。位移是动作对施事、客体和工具所造成的最基本、普遍和直接的影响②。在位移概念内部，动作角色受动作影响的要素包括：①运动状态的改变，比如从静止态进入运动态、从运动态进入静止态；②朝向的改变，这不一定与施力方向一致；③位置的改变。

---

①间接接触（有工具）的过程中，身体部位与工具之间也发生了接触。在本研究中，发出动作的身体部位被视为准工具。所以，身体部位与工具之间的接触与动作动词的概念语义无关。

②在原因关系宏事件中，动作导致施事发生位移的可能性虽小，但的确存在。这种情况主要出现在非施事性原因位移宏事件中，如"他挤出了人群"。这可以视为动作的发出者——施事"他"施力于自身，导致自身发生位移。

2. 变化

物体在力的作用下发生一定形式的变化是可以直接观察到的。克罗夫特（Croft，1991：269）提出，一个理想的简单事件由致使、变化、状态三部分组成。在一连串次事件构成的简单动作事件中，变化是力的传递的间接影响，也是人类的直观经验，而且在人类的注意力系统中，运动的、变化的对象要比静止的对象更具有显著性。本研究认为，在动作事件中，既要考虑静止和固化的"不变"部分，也要将注意力集中在"变化"上。泰尔米（2000b：237-241）把物体或情境的变化分为如下几类（转引自杜静，2016）。

表 2-1　泰尔米对物体或情境变化的分类

状态变化	A. 进入状态	A1. 存在性状态	A1a. 从无到有	2a）. I saved up $5000 in five years. 我五年内攒了5000美元。
			A1b. 从有到无	2b）. The candle blew out. 蜡烛灭了。
		A2. 条件变化	A2a. 物理变化	2c）. The dog chewed the shoe up in 30 minutes. 那条狗半个小时把鞋咬坏了。
			A2b. 认知变化	2d）. German：Ich habe mich in meinen Beruf eingearbeitet. 我了解了自己的工作。
状态变化	B. 静止状态	B1. 停止状态		2e）. I am at home. 我在家里。
		B2. 保持状态		2f）. I nailed the door shut. 我把门钉死了。

根据研究需要，本文重新梳理了动作动词对焦点实体造成的各方面影响，"变化"的类型包括存现变化（指出现或消失）、形状变化（指分开、分裂、合拢、变形、融合等）、性状变化（包括受损、受伤、变质等）、外观变化（如变干净、变光滑等）以及声光热变化（如发出声响、光亮消失、温

54

度升高等）等。

（四）外施事动作动词的概念语义框架

理想的外施事动作动词概念语义框架可以概括为：**施事＋（工具、材料）＋施力｜接触＋客体＋位移｜变化**

动作动词概念框架的本质是一种模型，概念语义要素是变量，对变量进行赋值的结果就是具有不同语义内容的动作动词。反之，我们也可以通过考察框架内不同语义要素的赋值情况来探讨动作动词的概念语义内容。

以"抬$_{桌子}$"为例，其概念语义内容可以用表2-2来表示。

表2-2 动作动词"抬"的概念语义内容

动作角色	施事	性质	人
		动作部位	手；肩膀
		意图	使移动
		情态	有目的地；用力地
	本原客体	受事	器物，如家具等；有时是失去行动能力的人
		受事特征	沉重，不能自由移动
动作内容	施力	力度	等同于重力
		方向	对抗重力的方向
		速度	适中
		频率	单次；多次
	接触	类型	位移接触
		接触频率	单次
		接触双方	手与受事；肩膀与受事
动作影响	位移	位置改变	由低处到高处；从原来位置平移到别的位置
		运动状态改变	由静止到运动

二、自施事动作动词的概念语义要素及框架

自施事动作动词所参与的宏事件与外施事类宏事件略有不同，副事件描

述的是焦点实体（即施事主体本身）所伴随的姿势、自移状态等。如果从动作动词的概念语义构成的角度来看，可以认为，自施事动作动词描述的是动作主体发生位移或变化时所采用的身体姿势或方式。由于只涉及一个物质实体，施力和接触等要素都没有编码进入自施事动作动词的深层语义。因此，自施事动作动词的概念语义要素及框架要比外施事动作动词相对简单一些。

（一）动作角色：焦点实体

在方式宏事件中，方式动作动词涉及的物质实体只有焦点实体，并不涉及工具、材料等。也就是说，真正关涉方式动作动词语义内涵的物质实体仅限于发生位移或变化的人。

另外，焦点实体发出动作时的动作部位也要纳入考虑之中。

（二）动作内容：自移

自移是对施事所发出的动作内容的概括，具体内容包括作为动作主体的人在发出某特定动作的过程中所采取的特定的动作方式、方向、速度、频率等。其中，动作方式既包括动态的运动方式，如"跑"的姿势是"两只脚快速交替落下"，也包括静态的姿势，如"跪"的姿势是"两个或一个膝盖弯曲并接触地面"。

（三）动作影响：位移或变化

同外施事动作动词一样，在自施事动作动词参与的宏事件中，动作内容对焦点实体产生的影响也体现为位移和变化两种形式。但在这类宏事件中，框架事件为位移的比例要远远高于变化。换句话说，自施事动作动词造成的影响主要是位移，而非变化。

1. 位移

焦点实体的位移也包括三种：①运动状态的改变；②朝向改变；③位置改变。

2. 变化

焦点实体的变化只有两种：①姿势变化；②体感变化。

（四）自施事动作动词的概念语义框架

自施事动作动词的概念语义框架可以概括为：**焦点实体（即施事主体）+自移+位移｜变化**

以"爬"为例，其概念语义内容可以用下表来表示。

表 2-3　动作动词"爬"的概念语义内容

动作角色	焦点实体	性质	人；动物
		动作部位	手和脚；前肢和后肢
		意图	移动，离开原来位置
		情态	用力地
动作内容	自移	方式	手和脚一起用力
		方向	向前或者向上
		频率	多次
		速度	慢
动作影响	位移	位置改变	向前或向上移动
	变化	体感变化	感到劳累

小结：

汉语中的动作动词，在句法上充当核心成分，对宏事件中的副事件进行编码，与框架事件之间存在多种支持关系。其中，外施事动作动词给表示"施事或工具动作行为的运动动词编码，描述引起主体（即本文所指的焦点实体）运动的施事或工具呈现的特征"；自施事动词则给"主体（即本文所指的焦点实体）动作行为的运动动词编码"（孙成娇，2015），描述伴随动作主体的特定姿态或自移方式。本章提出了两类动作动词的概念语义框架，列举了框架包含的概念语义要素，同时也引出了其他问题，比如，汉语身体动作动词的概念语义内容的总体分布情况如何？位移和变化宏事件在上升为句法形式的过程中，诸多概念语义要素的隐现规律是怎样的？汉语身体动作动词的词化模式应该如何表述？诸如此类的问题都有待于进一步深入解决。

第三章

汉语身体动作动词的概念语义解析

自然语言的意义是一种在心理层面上被人类编码了的信息结构（Jackendoff，1987；转引自程丽霞，2004），这种意义来自与人类生活密切相关的、可能用语言进行表达的世界知识，而非人类使用语言进行表达的语言知识。多数语言学家认为，尽管世界知识和语言知识之间不存在泾渭分明的分界线，但人类之所以能够理解自然语言的意义，全赖于人类对认知域的识解过程，这一识解过程也可以看作对自然语言信息结构的解码过程。在第二章中，本研究曾基于施事性因果链事件理论和宏事件理论分析了动作动词所参与的事件结构，提出了汉语身体动作动词的概念语义框架及其要素。本章将继续这一研究思路，构建抽象语义变量系统，探讨语义变量的层级、性质及赋值情况，从整体上考察外施事动作动词和自施事动作动词的概念语义内容的分布情况，描述汉语身体动作动词的语义构成。

第一节　动作动词概念语义的解析和统计方法

对动作动词的概念语义的解析是个高度主观化和个性化的研究过程。为了使概念语义的解析结果尽可能向客观、准确靠拢，本研究将语料库的检索结果与汉语母语者的语言直觉结合起来，以两类身体动作动词的概念语义框架为基础，构建汉语身体动作动词抽象语义变量系统，对变量进行赋值，统计赋值结果，具体步骤为：选定目标词→根据框架初步建立变量系统→建立信息库并用信息库校对系统→统计和分析数据。

一、目标词的来源和获取方法

目标词这一术语来源于框架语义学，本义是"触发框架的关键词，表征事件或场景的核心语义"（Fillmore，1982；转引自陈亚东等，2015）。该词有两个含义：一方面，目标词指在位移和变化宏事件中表征原因和方式副事件，包含语义框架各要素，最终上升为语言表层形式的动作动词；另一方面，目标词指本研究进行概念语义分析、数据统计的对象词目。

本研究的 160 个目标词全部取自《现代汉语分类词典》（*A Thesaurus of Modern Chinese*，苏新春，2013），操作步骤如下：

步骤一　选取一级语义层"生物活动"下的二级语义层中的"肢体动作""头部动作"和"全身动作"的全部动作动词 700 余个（共计 29 个三级语义类别），以此与剩余的"生理活动""心理活动""表情""生活工作""际遇"相区别。

步骤二　聚焦三级语义层，剔除"头部动作"中的感官动词（D 类"看、听、嗅"）和言说动词（G 类"叫、喊"），获得四级语义层类别动作动词 617 个。

步骤三　鉴于每一语义层的类名是概括本类意义范围的代表词，以《现代汉语分类词典》义类索引表中的第四级语义层的各个类名为代表词，初步获得目标词 153 个。

步骤四　在进行语义分析的过程中，个别动作动词（如"钉"）具有多个义项，构成不同的概念语义框架，对照《现代汉语词典》（第 7 版），将其拆分为两个或多个目标词，用下标标注其典型宾语以示区别（如"钉钉子、钉扣子"），最终确定目标词 160 个（见附录 1）。

步骤五　根据动作动词参与的宏事件结构和概念语义框架，将 160 个目标词划分为外施事动作动词 141 个和自施事动作动词 19 个。

二、抽象语义变量系统的建立和完善

在第二章中，本研究提出了外施事和自施事两类身体动作动词的概念语义框架，这是从认知语义的角度对动作动词所参与的宏事件的概念语义进行初步的提炼。换一种思路，动作动词的全部概念语义内容可以被视为一个变量系统，每个概念语义要素都被视为一个变量。每个变量都包含一定数量的次级变量，正如每一层级的概念语义要素都有下位概念。抽象语义变量系统的建立过程是一个反复跟概念语义框架和信息库双向验证、循环提高的过程。操作步骤如下：

步骤一　直接借用两类汉语身体动作动词概念语义系统中的全部概念语义要素，以此作为抽象语义变量。

步骤二　根据汉语身体动作动词概念语义框架，对抽象语义变量进行分级，理清各层级变量的关系和地位，初步建立汉语身体动作动词抽象语义变量系统。

步骤三　结合现代汉语语料库的检索结果和汉语母语者的语言直觉，校对和修正这一变量系统，使之更加完善、全面。

三、概念语义信息库的建立

对目标词的概念语义内容进行解析时，本研究采取了实证与内省相结合的研究方法。操作步骤如下：

步骤一 在北京大学中国语言学研究中心 CCL 现代汉语语料库中，检索以"目标词"为谓语的句子，对前 2000 条检索结果进行分词和标注，在句子成分与语义要素之间建立关联。

步骤二 凭借自身作为汉语母语者的语言直觉、学术经验和普通常识，对身体动作动词的意义进行观察、判断、分析和推理，充分考虑特定目标词在母语为汉语者的认知经验中的原型意义。

步骤三 从宏事件整体出发，基于外施事动作动词和自施事动作动词的概念语义框架，充分考虑其概念语义要素所包含的多个维度，如实地描述不同维度的赋值情况，初步完成《汉语身体动作动词概念语义信息汇总表》（以下简称"《汇总表》"）。

步骤四 为确保研究的客观性和纠正个人语感的偏差，请他人检验《汇总表》[①]，将个人的内省结果与他人的语言直觉进行对比，力图使其符合多数汉语为母语者的认知体验，尽可能全面、真实地反映汉语身体动作动词的概念语义内容。

步骤五 汇总分析结果，将结果导入 Excel 表格，最终建立《汉语身体动作动词概念语义信息库》（以下简称"《信息库》"）。

步骤六 用《信息库》的内容来校对和修正初步建立的身体动作动词抽象语义变量系统，使之更加完善、全面。

四、动作动词概念语义的统计方法

语料库检索和汉语母语者的多人检验也在一定程度上增加了《信息库》

[①]在建立《汉语身体动作动词概念语义信息库》的过程中，著者邀请数位语言学及应用语言学专业的在读硕士研究生对《汇总表》的全部内容进行了人工校对，充分地讨论了其中一些有争议的问题（如个别动作动词的本原客体的定性等），经过反复修改，最终达成共识。《信息库》和论文中有关语义变量及其赋值结果的谬误，均由笔者承担。

的效度。在此基础上，本研究对《信息库》中的概念语义内容进行统计，工作内容包括两方面。

一方面，根据《信息库》的内容，检验和修正外施事动作动词和自施事动作动词的概念语义变量系统，重点调试系统变量的层级构成。概括地说：首先，在第一层，以动作动词概念语义框架的三个基本要素——动作角色、动作内容和动作影响——为一级类别，三者缺一不可。本文将其命名为"一级变量"。其次，在第二层，对一级类别进行切分，设定其各自包含的概念内容，如动作角色包括施事、本原客体、动作部位、工具和材料。此为"二级变量"。再次，在第三层，充分考虑二级类别中的各要素的语义限制条件，此为"三级变量"。如对于施事而言，要考虑其性质、特征和发出动作的情态、意图，这四个限制条件关涉框架要素"施事"的特点。目标词的概念语义框架中的每个语义要素都可视为抽象语义变量，对某语义要素的系统描写就是对具体变量进行赋值的过程，赋值的结果是该动作动词的概念语义内容的一部分。

另一方面，对抽象意义变量的赋值结果进行归类统计时，同时考察赋值内容和赋值结果。所谓赋值数量，是指在动作动词概念语义框架下的抽象语义变量系统中，特定语义变量的取值不是固定的，而是一个以正整数为单位的数值范围，只有聚焦到单个动作动词，才能确定最终的具体取值。所谓赋值结果，是指特定语义变量所表示的语义限制条件下，某动作动词所包括的全部语义内容。举例来说，"拉"的动作方向只有一个，即朝向自己身体的方向；即动作方向变量的赋值为1，赋值结果为"朝向自己身体的方向"。再如，"跳"的动作方向包括"向上"和"向前"，可以认为，其动作方向变量的赋值为2，赋值结果包括"向上"和"向前"。以此类推。还有一种情况是当特定的某个动作动词的概念语义中不包含某个抽象语义变量时，可将该变量认定为缺省变量，即不存在这一语义方面的限制条件。缺省变量可能出现在第二级类别中，如"扒墙头"的概念语义中不包括"工具"变量；也可能出现在第三级类别中，如"蹲"的概念语义中不包括"速度"变量。但是肯定不会出现在一级变量中。对赋值结果的统计过程，是整合、分类和统计的过程。既要统计赋值的具体数值，又要统计赋值的结果，同时还要兼顾缺省变量所处的层级。

最后，以定性和定量相结合的形式呈现统计结果。"定性取舍要有量的依据，定性结果要有量的原则"（安华林，2005：11），对动作动词概念语义的分析是基于认知主体的身体经验和主观感受的，具有任意性和零散性的特点，"更需要客观的、可验证的外部数据进行有效的干预和纠偏"（于屏方，2006：18）。对于外部数据中所呈现出的规律，也应该用质性分析的方法进行讨论和总结。因此，动作动词的概念语义研究结果，要以定量为主，也要包括定性内容。

第二节 动作动词概念语义框架下的抽象语义变量系统

无论是普通的语言使用者还是专业的语言学家，在认识和理解不同语言单位的意义的过程中，最重要的一个步骤就是从语言领域扩展至整个意识领域，深入整个意识层面，将认知对象纳入认知主体的整体感知系统中，揭示意义形成的内在机制。这也是理解和研究动作动词的概念语义的必要环节。只有充分考虑构成和影响动作动词概念语义的每一个语义变量，并将认知主体对动作动词的感知和体验置于整个概念语义框架之下，才能更准确地探讨动作动词的意义特点。

一、建立抽象语义变量系统的理由

索绪尔认为，词既然是系统的一部分，就不仅有一个意义，而还具有一个价值（索绪尔，2002：160）。语言是由诸多组合关系和聚合关系编织而成的网络系统，单个语言单位的意义必然依存于语言整体。探讨动作动词的意义，就是把注意力近距离地聚焦在无限大的语言系统中的特定局部，对比众多动作动词语义特征之间的相关、相似、差异和对立，以抽象的语义变量为纲，构建一个范围有限的语义网络系统。这样做的理由有两个，一是动词语义具有非自足性，二是语义配价与句法题元具有不对称性。

（一）动词语义的非自足性

动词的非自足性同时表现在语法和语义两个界面上。

在语法界面上，动词必须与若干个强制性共现成分一起构成线性组合关系，即使是在意义自足的最小句法单位中也是如此。配价语法、格语法、依存关系语法、题元理论、构式语法理论等方面的研究已经充分地证明了这一点。

而在语义界面上，这一点更是毋庸置疑，动词语义的非自足性与名词语义的自足性的对照和比较从传统哲学范畴一直延伸到当代语义研究中。早在两千多年前，亚里士多德就在其范畴论中提出，名词属于本源范畴，是基础；动词属于他源范畴，要存在、依附于本源范畴，是一个相对的概念。"一切相对的东西，必定有一个相关者……相关的东西显然是同时获得存在的。"（亚里士多德，2003：26-27）克鲁斯（Cruse，2004：50）认为，意义具有依存性和非依存性，基础意义可以不依赖于其他意义而独立存在，即非依存性；而复杂的意义总是要建立在基础意义之上的，即依存性。这就是意义成分的组构规律。这种观点为语义配价理论提供了立论基础。威廉·邦茨欧认为依存性和相关性是判断语义自足性的标准。动词的语义本身就蕴含了名词的存在，这是一种关系型的语义价值，而非实体型的语义价值。"它（指动词语义）……是对现实的某个片段的摹写，摹写下来的片段处在各种各样的相互联系之中，具有相关性和依存性。"（张世广，1997）莫斯科情景语义学派对"语义配价"界定得更为准确："谓词语义单位以情景为描写对象，其语义必然反映必需情景参与者的属性、相互关系以及与之相关的事件。必需情景参与者在相应谓词语义结构中对应的抽象意义变量（主体、客体、工具、手段等）叫作该谓词的语义配价。"（张家骅等，2003：28）这些抽象意义变量通过组合和聚合，共同构成了动词语义结构的框架和系统。要研究动词的意义，当然要全面考虑影响该系统的每个要素。

（二）语义配价与句法题元的不对称性

动词的语义配价与句法题元，前者是针对谓词语义结构而言的，处于语言的深层结构，具有固定的类型；后者是针对谓词句法结构而言的，处于语言的表层结构，是具体的词汇单位，没有固定性。前者通过后者体现出来。伊万·波古斯拉夫斯佳将语义配价比喻为"钓竿上不变的鱼钩"，而句法题元则是"每次钓上来的不同的鱼"（И. Богуславский，1985，转引自张家骅等，2003）。

尽管特定类型的语义配价在句法表层结构中体现为特定类型的句法题元，实际上，语义配价与句法题元之间是不对称的，并不是一一对应的关系。以动作动词为例，这种不对称的情形有如下几种。

1. 同一语义配价可以用不同句法题元来表示，这是最常见的情形。以"打"为例，其"工具"语义配价可以充当主语，如"这把钥匙打不开报箱"；也可以充当宾语"用这把钥匙打不开报箱"。同样，同一句法题元也可以显现不同的语义配价，以"切"为例，"切土豆"中的"土豆"是受事客体，"切土豆丝"中的"土豆丝"则是成事客体。

2. 两个语义配价不能同时占据一个句法位置。比如"卸"，《现汉》的释义为"把运输的东西从运输工具上搬下来"，其语义配价包括"客体"和"处所"。然而，在句法表层结构中，当"处所"占据宾语位置时，如"卸爬犁、卸货车"，表示具体运输的东西的"客体"不能再出现在句子中。

3. 有的语义配价可以用两个句法题元分裂表示。比如，在我们的直觉中，"打"的客体语义配价是"受事"——人。但是，在句法表层结构中，"受事"人常常分裂为整体和局部两个句法题元。试看"他打我胳膊"中，"我"和身体局部"胳膊"都是由同一语义配价分裂而来，二者也可以合并为一项而不改变句义，如"他打我的胳膊"。

4. 两个语义配价可以用一个句法题元合并表示。比如"换发型"中的"发型"，既可能指旧发型，也可能指新发型。宾语"发型"将两个客体语义配价合并起来，对于交际的双方来说，并无区分的必要。

语义配价与句法题元不对称的特点提示我们，语义研究固然要从句法表层形式入手，在广泛而充分的语料中搜集语义要素，进而概括提炼为抽象语义变量，但是也不能忽视那些隐藏在句法形式之下的深层语义概念。不考虑语义配价通过什么样的句法题元形式体现出来，也不考虑转换的过程、方式和特殊情况，而是将动作动词语义结构内部那些表示必须情景参与者的抽象语义变量一一联结起来，建立动作动词的抽象语义变量系统，这正是本研究的目的所在。

二、抽象语义变量系统的定位

对动作动词意义的理解过程，是在认知系统和语言系统的双重制约下进行的。认知意义是理解动作动词的基础，具有体验性、动态性和不可计数的特点，是语言意义产生的基础。这种理解过程，是把语言个体的经验和感知进行抽象和概括、进而用语言形式进行尽可能准确的表达的过程。这种抽象和概括过程，是体验性成分经过层层过滤而逐渐递减的过程，也是语言系统内的区别性成分逐渐增多的过程。最终，动作动词的概念意义由一大团模糊庞杂的最大概念变为理性抽象的最小概念，体现出语言系统内部的归约性和规范性。因此，可以认为，动作动词概念语义框架下的抽象语义变量系统是处于语言意义层面的，而非处于认知意义层面。

三、抽象语义变量系统的基本构成

现代汉语身体动作动词的意义是由动作本身以及与之相关涉的动作主体、客体、原因、目的、结果、手段、工具、时间、地点等诸多要素的集合体。其中，动作本身的意义是核心，其余要素是关涉成分。在词典的释义元语言中，动作动词的意义表现为线性组合的词组、句子；而在语义层面，则表现为一个富有层次、遵守规则的要素组合系统，即抽象语义变量系统。

（一）构成要素——抽象语义变量

抽象语义变量是对动作动词概念语义中的、数目有限的概念组块进行范畴化后的结果，是从动作动词概念语义框架中提取出的一系列有规律、有系统的抽象参数①，包括描述性语义变量、关涉性语义变量和伴随性语义变量三种，如图3-1所示。

描述性语义变量，是从物理层面直接描述和概括动作行为本质内容在人类认知中的投影，是用物理学的语言描述人类对动作行为的直观理解，对应于动作动词概念语义框架下的动作内容要素。在外施事动作动词的语义变量系统中，具体体现为施力变量和接触变量；在自施事动作动词的语义变量系统中，则体现为自移变量。在动态的动作中，具体体现为自移的方式；在静

---

①抽象语义变量与莫斯科语义学派所使用的术语"抽象语义参数"不同。后者将动词的意义置于"世界的朴素图景"中，把动词义位中所编码的一系列概念成分视为一个个相对完整的叙事语篇，它们共同构成了语言所反映的世界片段，即情景。必须的情景参与者对应于元语言释义中的"抽象语义参数"概念，抽象语义参数也被叫作"语义变项"（Apresjan，2000；转引自张家骅等，2003）。可见，抽象语义参数是词汇义位配列式的基本单位，属于词典学的研究对象。而本研究中的抽象语义变量则是从目标词的认知概念意义出发、以其认知语义框架为蓝本、提取出的可能影响动作动词意义的抽象变量。这些变量不但对应了抽象语义参数所指的围绕动词核心的诸多关涉成分，还包括了构成动作内容和结果的认知概念——施力、接触、位移、变化。这些都是抽象意义参数所不包括的。抽象意义参数与关涉变量有一定的重叠，见下文详述。

态的动作中，具体体现为自移的姿态，即身体姿势。

关涉性语义变量，是指直接参与动作行为的一系列物质实体在动作动词语义结构中所扮演的角色，对应于动作动词概念语义框架下的动作角色要素，包括动作主体变量、动作客体变量、工具变量和材料变量。

伴随性语义变量，是指动作客体变量经历动作行为之后所产生的差别的语义变量，这是发生任何动作时必然伴随的影响和结果，对应于动作动词概念语义框架下的动作结果——表示动态的位移和变化与表示静态的静止和停滞都包括在内。无论是在外施事动作动词还是自施事动作动词的语义变量系统中，伴随性语义变量都体现为位移变量、变化变量，或二者兼有。

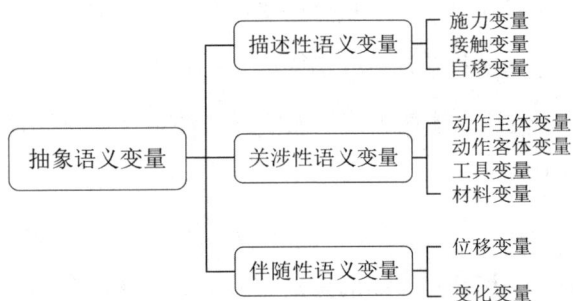

图 3-1 抽象语义变量的三种类型

"词义中包含着百科知识"（Taylor，1995）。正如动作动词的概念语义框架只是有选择地凸显了最能体现动作动词语义特征的关键要素，以上三种语义变量也并不能囊括参与构建现代汉语动作动词词汇语义的全部参与者，比如原因变量、理据变量、数量变量、期限变量等。诸如此类的变量，也许在汉语的其他类动词语义系统中，抑或在其他语言的动词语义系统中占据不可剔除的地位，担任必需的角色，但是在现代汉语单音节动作动词的语义变量系统中，显然不是必需的，故不作为本研究的抽象语义变量系统的必要成分而出现。

（二）构成层级——从 1 至 N

动作动词的抽象语义变量系统的层级性体现为如下三点。

第一，语义变量之间的地位是不平等的，描述性语义变量居中，牢牢地吸引着其他变量。无论是外施事动作动词还是自施事动作动词，构成其语义系统的中心始终是动作本身的内容。正是由于动作主体的具体动作部位与动作客体之间发生了物理层面的互动，才将动作角色变量和动作影响变量引入认知概念和语义结构中。如果用原子的结构来打比方说，动作内容变量好比原子核，动作角色变量的主、客体好比中子和质子，动作影响变量则好比环绕原子核的电子。

第二，语义变量不是意义研究的终极单位，可以对其内部进一步划分，归纳出新的语义范畴。语言学家一直致力于寻求人类语言中具有普遍意义的基本概念成分，也就是语义结构的"最小单位"。在不同的理论体系中，这一"最小单位"被命名为义素、最小语义特征、语义基元等。我们将动作动词语义系统视为整个语义系统下的一个相对封闭的次范畴系统，同样，每一层级的语义变量就是该次范畴系统下一层的次次范畴系统，不同层级的语义变量将共性成分聚合在一起，形成概念组块，每一组共性成分则再次进行抽象化，提取出新的下一层语义变量，如此下去，在理论上是无穷无尽的。然而，人类认知的能力是有限的，语言的概括程度和描述精度也是有限的，因此，对语义变量的划分必然存在一个人为的终点，也就是相对程度的"最小变量"。但这并不是意义的终极单位，仅仅是为了表达的需要，对语义要素进行的类的概括。

第三，抽象语义变量系统的层级是嵌套的，每下一级语义变量既构成一个新的抽象语义变量次系统，同时又是上一级语义变量的赋值结果。每个语义变量及其赋值结果构成一个次系统，获得赋值结果的过程就是从多个并列的备选项中凸显出某一个或几个作为前景信息的过程。特定动作动词的语义内容由各变量次系统中最末一级语义变量的赋值结果加合而成。

（三）基本规则——前景化、次范畴化和线性顺序

为了描述动作动词的语义内容，本研究从运动事件认知框架中提取出一定数量的抽象语义变量，通过次范畴化和组合，最终形成了运动动词抽象语义变量系统。从认知框架到变量系统，有三条基本认知规律制约了语义变量的聚合和组合过程，具体说来如下。

第一，前景化规则。尽管动作动词的语义内容如同一个"连续不断、简明扼要和不加修饰的故事"（Schank，1975），但是其抽象语义变量系统中的语义变量并非不加区别地全部显现出来，而是根据语言主体对特定动作的知识结构和心理表征，把一部分语义变量有选择地丰富、凸显出来，对其进行赋值，赋予特定的义值，置于前景部分，其余的语义变量则退隐为背景。抽象语义变量系统是一个变量的集合，语义变量始终处于动态的变化之中，根据具体的动作动词的语义内容被激活和前景化，选择性地凸显出来。

第二，次范畴化规则。语义变量及其赋值情况对应着认知整体意义之下的多个概念组块。为了表义更加准确，必然要对概念组块进一步细化，以实现语义内容的次范畴化。每一项语义变量，都可视为一个次系统，可以进一步划分为若干个语义变量，且有其不同的赋值情况。"一尺之棰，日取其半，万世不竭"，从理论上来讲，对语义变量的次范畴化是可以无限进行的；然而，在语义研究的具体操作中，只能"在最大程度满足辨义要求的前提下，进行最小限度的切分"（于屏方，2006）。过分的具体化和细化，一则使语言主体无法用合适的表层语言进行描述，二则使语言主体增加了不必要的认知负担。

第三，线性顺序规则。尽管语义变量在系统中呈现为以动作内容为核心的原子结构式立体排列，但是使用语言系统来表述具体动作动词的语义内容时，依然要遵循人类认知的时间顺序，用"动作主体—动作行为—动作客

体——动作影响"的线性链条来表现。这样的线形顺序上升为语言表层形式后,句法成分的顺序可能略有不同,但在认知层面上是具有普遍性的规则的。

第三节 两类动作动词的抽象语义变量系统

根据抽象语义变量系统的基本构成,本研究将从两个角度来构建外施事动作动词这个封闭词类的语义系统:一方面从系统的构成入手,详细介绍该系统的层级和变量;另一方面,将该系统与认知范畴的时间序列相结合,探讨其线性表达方式。

一、外施事动作动词抽象语义变量系统的层级和变量

构成外施事动作动词的抽象语义变量系统的一级变量包括:动作角色变量、动作内容变量和动作影响变量。

(一)动作角色变量

动作角色变量包括:

1. 动作主体变量,也叫施事变量,指动作的发出者。也包括分裂主体,即发出动作的具体身体部位。绝大多数现代汉语动作动词的动作主体都是人,少数也可以是动物。动作主体变量包括如下几方面。

(1)普通变量,指动作的发出者,即施事。包括:

①性质变量,指动作主体是人、动物,或是人和动物皆可;

②情态变量,指动作主体发出动作时所伴随的情态,如"小心地、有规律地、容易地、突然地"等;

③意图变量,指动作主体发出动作之前要实现的目的和想法,如"使破

71

裂、使移动、使发出光亮"等。

（2）分裂主体变量，也叫身体部位变量，指发出动作的具体部位，如"**脚底**(蹬)、**眼睛**(瞄)"等。

（3）特指变量，指能够发出某些特定动作的特殊主体，如"**鸟**(啄)"。

2. 动作客体变量，表示动作直接涉及的事物。具体如下。

（1）本原客体变量。在诸多动作客体中，受动作影响的诸多物质实体范畴中的最典型范例叫作本原客体。它可能是可能动作的承受者，因动作的作用而发生状态、位置、性质等变化。如"（撕）**报纸**""（搬）**行李**"；可能是动作的对象，不因动作的作用发生任何变化，如"（看）**书**""（读）**报**"；可能是动作产生的结果，如"（挖）**坑**"。确定哪种客体才是某特定动作动词的本原客体，要视以汉语为母语者的认知显著度和熟悉度而定。

本原客体变量包括如下几方面。

①性质变量，用以描述动作行为的首要承受者是有生命物的还是无生命物的；

②特征变量，用以描述动作行为的首要承受者的特有属性。

（2）其他客体变量。本原客体变量具有优先取值权，确定赋值内容后，赋值范围内容剩余的其他变量就归属到其他客体变量之下。

此外，无论是本原客体变量还是其他客体变量，二者的赋值范围都包括受事变量、结果变量、对象变量等。

3. 工具变量和材料变量，指完成动作所借助的事物。前者在动作过程中没有消耗，如"（用）**缝衣针**(刺)"；后者在动作过程中产生消耗，如"（用）**水**(洗)"。同动作主体变量和动作客体变量不同，这二者不是必需的语义变量。

工具变量和材料变量这两个二级变量系统均各自包括：①性质变量，指完成该动作所需的特定工具或材料；②特征变量，指该类工具或材料的共同特征。

（二）动作内容变量

动作内容变量包括：

1. 施力变量，指动作主体向动作客体施加力量，不同的动作在力度、方向、频率等维度上都是有所区别的，如"推"和"拉"在方向上是相反的，"摸"和"抚"在力度上有所不同等。

施力变量包括：

①力度变量，既包括动作主体施加的力量，也包括动作客体接受动作时经受的重力。赋值范围包括"用力地、轻轻地、适中地"等；

②方向变量，指动作主体施力的方向，赋值范围包括"朝向动作主体方向、朝向动作客体方向、向下、向上"等；

③频率变量，指动作主体在完成单次完整动作的时间内施力的次数，赋值范围包括"单次、反复多次"；

④速度变量，赋值范围包括"迅速地、缓慢地、适中地"等。

2. 接触变量，指动作主体（借助或不借助工具均可）在发出动作时与动作客体之间的物理接触，动作的意义与接触的时间和频率密切相关。如"推""拧"需要长时间地接触动作客体，而"拍""碰"等则是短暂接触动作客体，然后马上分离。

接触变量包括：

①接触双方变量，包括"主体与客体接触、工具与客体接触"两个赋值结果；

②接触频率变量，指动作主体在完成单次完整动作的时间内接触的次数，赋值范围包括"单次、反复多次"；

③接触性质变量，赋值范围包括"位移接触、静止接触、前提接触、终点接触、突破接触和经由接触"6个。

（三）动作影响变量

动作影响变量包括：

1. 位移变量，指动作客体在外力的作用下保持或改变原有的运动状态、位置或朝向，这是动作主体对动作客体施加外力时造成的最基本、最普遍的影响。如"推"的最直接影响就是离开原来的位置。

位移变量包括：

（1）运动状态变量，赋值范围包括"从静止态进入运动态、从运动态进入静止态"；

（2）朝向变量，指客体改变原有的朝向，赋值范围同施力方向变量一样，也包括"朝向动作主体方向、朝向动作客体方向、向下、向上"等，但赋值结果未必等同于施力方向变量；

（3）位置变量，赋值范围包括"保持原有位置、离开原有位置"。

2. 变化变量，指动作客体在外力的作用下保持或改变原有的物理存在形式，这也是动作客体所经历的最基本和直观的动作影响。如动作"切"的最直接影响就是动作客体的形状变化——分裂。

变化变量这个二级变量系统包括的内容比较复杂，包括：

（1）隐现变化变量，如"发出声响、发出光亮、被找到"或与之相反的过程等；

（2）成分变化变量，如"变纯净、变混杂"等；

（3）聚合状态变化变量，如"由聚拢到分散、由分散到聚拢"。

此外，还有完整性变化变量、存现变化变量、离合变化变量等，此处不一一列出。

总结一下，外施事动作动词抽象语义变量系统的构成如图3-2所示：

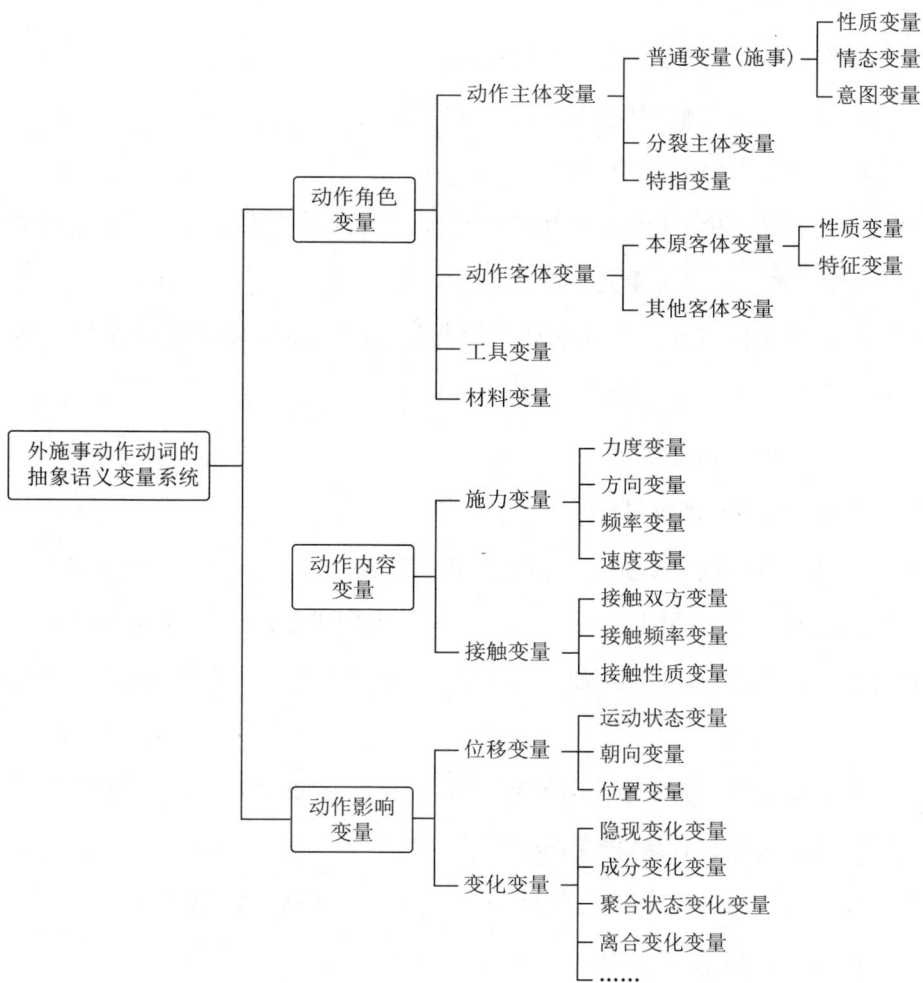

图3-2　外施事动作动词抽象语义变量系统的构成

二、自施事动作动词的抽象语义变量系统的层级和变量

构成自施事动作动词的抽象语义变量系统的一级变量同外施事动作动词一样，也包括动作角色变量、动作内容变量和动作影响变量，但是系统结构相对简单，赋值情况复杂。

（一）动作角色变量

动作角色变量系统包括如下几方面。

1. 焦点实体变量，即发出动作的人。包括：

（1）性质变量，通常赋值为"人"或"动物"；

（2）特征变量，指发出动作的焦点实体的特征，赋值如"处于狭小的空间"（如"挤"）、"原本处于站立或平衡状态"（如"摔"）等。

2. 分裂主体变量，指发出动作的具体部位，赋值如"腿和脚"（如"跑"）、"全身"（如"翻"）等。

（二）动作内容变量

动作内容变量系统只有一个自移变量，包括：

1. 方式变量或姿态变量，前者指焦点实体处于动态时的动作方式，如"走"的自移方式变量为"两只脚（或四只脚）交替落下"，后者指焦点实体处于静态时的身体姿势，如"躺"的自移姿态变量为"身体放平，贴着卧具"。

2. 方向变量，其赋值范围包括"向前、向上、以身体为中心向外"等。

3. 频率变量，其赋值范围包括"单次、多次"等。

4. 速度变量，其赋值范围包括"慢慢地、适中地、迅速地"等。

（三）动作影响变量

自施事动作动词的动作影响变量系统和外施事动作动词一样，也包括位移变量和变化变量两个。其位移变量系统也包括：运动状态变量、朝向变量和位置变量。赋值范围与外施事动作动词抽象语义变量系统一致。但是变化变量略有不同。自施事动作动词造成的变化主要为体感变化变量，如"受伤、感到疲劳、感到疼痛等"等。

总结一下，自施事动作动词抽象语义变量系统的构成如图 3-3 所示：

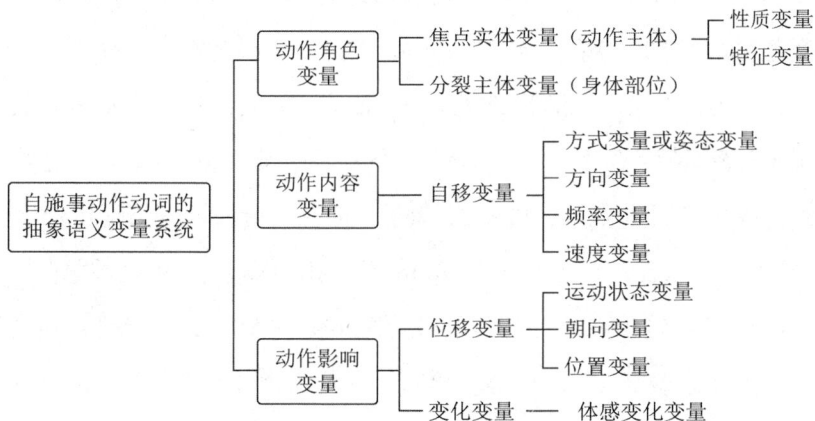

图 3-3　自施事动作动词抽象语义变量系统的构成

第四节　抽象语义变量系统的赋值描写语言

在前文中，我们初步构建了现代汉语动作动词的抽象语义变量系统，试图在自然语言中发掘出一些共性因子来建立一套公理性质的语义解释理论。然而，语言学的特殊性在于，理论的表述要依赖于"人类自然语言系统中已有的或隐含的初始概念"（桂诗春、宁春岩，1997），理论表述的对象也是人类自然语言的一部分。描述抽象语义变量的赋值结果的"语言"，即抽象语义变量系统的赋值描写语言，具有不同于自然语言的"初始元"特征，是建立在人类可理解范围内、具有人类可读性的元语言。它脱胎于自然语言，但是更具抽象性和概括性。

一、赋值描写语言的理论基础：语言分层理论

自然语言的语义研究常常陷入这样一个怪圈——语言意义解析的结果最

终还是要以语言的形式呈现。尽管形式语义学、真理语义学等理论试图采用现代数理逻辑等手段将语言意义形式化，但是对于大多数语言使用者和研究者而言，对语言意义的理解和解释还是要依赖于语言。哲学家罗素在其类型论中提出对象具有不同的类型和层次（侯丽白、郑文辉，1996），这给语言分层理论提供了哲学基础。塔尔斯基将"对象"指向语言，提出语言包括"对象语言、元语言、元元语言"（Alfred Tarski，1935；转引自侯丽白、郑文辉，1996）三个不同层次，并在语言分层理论的基础上进一步建立其真理概念。除了"元元语言"这一概念，语言研究要区分对象语言和元语言的观点已经被绝大多数学者所接受。

语言意义的研究涉及两种不同的语言。一方面是作为研究对象的自然语言，根据研究的需要被人为地分割成大小不同的单位，如词、句子、语篇等，这些都是对象语言，也称目标语言；另一方面则是"用以谈论对象语言的语形形式的语言"（张金兴，1997），借用精确、概括和数量可控的自然语言片段，来描述和分析对象语言的意义内涵、记录语义特征，这些都是元语言。可以说，本研究中的抽象语义变量系统的赋值描写语言就是一种元语言。

二、赋值描写语言的定位：析义元语言

《语言学与语言学词典》（R. R. K. Hartmann 和 F. C. Stork 编著，黄长著、林书武、卫志强、周绍珩译，1980）中对"元语言"的解释为："元语言，纯理语言。指用来分析和描写另一种语言的语言或一套符号，如用来解释另一个词的词或外语教学中的本族语。可替换术语：第二级语言。"这种解释与逻辑学观点是一致的，都是把解释语言的语言视为元语言。《语言学百科词典》（戚雨村、董达武、许以理、陈光磊，1993）肯定了这种解释，同时补充道："在辞书编纂和语言教学中用于释义的语句称元语言，在语言研究中

为描写和分析语言成分特征作用的一套符号和术语……也属元语言。"这是从词典学、语言教学和语义描写等领域出发,补充说明了不同"应用功能类型的元语言"(安华林,2009)。李葆嘉(2002)梳理了元语言的源流和界定。他指出,语言学范畴的"元语言"并不是一个"用以解释语言的语言"的笼统概念,而是包含"用于语言交际的最低限量的日常词汇,用于词典编纂和语言教学的释义元语言和用于语义特征分析的语义元语言"。安华林(2009)重新界定和解释了"元语言"概念的三个层次,包括:

第一层解说元语言,即日常语言交际中解释和说明话语本身意义的工具性语言,如"我的意思是……""换句话说……"等。

第二层释义元语言,即词典编纂领域用来解释目标字词意义的工具性语言,如"爸爸的爸爸是爷爷"。

第三层析义元语言,即用来描述和分析义位的工具性语言,其描述对象为义位,描述的结果体现为人工提取的语义特征。这与词汇语义学对元语言的观点是一致的。语义特征的描写离不开元语言,张志毅、张志云(2007)在其著作《词汇语义学》中指出,记录词汇语义内容的语言并不是自然语言,也并非形式语义学中那种纯数理逻辑的元语言,而是"……狭义的,指记录语义特征并用来分析和描写目标语言的更高层次的语言,是人工创造的形式语言,也叫符号语言、纯理语言、语义标示语"。建立抽象语义变量系统的过程其实就是提取动作动词的不同层次的语义区别特征的过程,而对变量进行赋值的过程,就是在用析义元语言描述动作动词语义特征。因此,可以认为,动作动词抽象语义变量系统的赋值描写语言属于析义元语言。

三、赋值描写语言的取词原则

关于析义元语言的呈现方式,学界一直有两种观点:形式语义学派主张采用形式化语言(如数理符号、逻辑符号等)来标识义素之间的组合和聚合关系；传统语义学派则主张采用可理解的自然语言来分析和阐释义素，理由是"语言的意义当由使用语言的人来说明和理解"（Cruse，1998）。本研究支持后者的观点，使用自然语言作为动作动词词汇语义的描写工具。其取词原则如下。

第一，在语符选择上，使用自然语言符号进行表述，即使用现代汉语来描述抽象语义变量的赋值结果。

第二，在表述方式上，不使用义素分析法中的二元对立的语言描述，而是逐个描述同一语义类型下所包含的多个语义特征。

第三，在可识别度上，尽量控制描述语言的用词数量，以基础词汇为取词范围，句法有序易懂。

四、赋值描写语言的表述格式

抽象语义变量的赋值内容包括语义变量和赋值结果两部分，以此类推，赋值描写语言的表述格式也由两部分构成：一是描述抽象语义变量的属性词，二是描述赋值结果具体内容的词或语句。

以自施事动作动词"走"的方向变量为例，其赋值结果为"向前"，表述为：

走　方向：向前

"方向"变量是整个抽象语义变量系统的第三级变量，也是本研究中人为限定的最低一级变量，其上两级变量分别为自移变量和动作内容变量。本研究用">"来连接不同层级的变量，用"；"连接同一变量下并列的两个赋值结果。"走"的方向变量表达式调整为：

走　动作内容>自移>方向：向前

综合《汉语身体动作动词概念语义信息库》中对动作动词"走"的概念语义内涵的分析，"走"的语义赋值情况表述如下：

动作角色　　　>焦点实体　　>性质：人；动物

　　　　　　　　　　　　　　>动作部位：腿和脚

　　　　　　　　　　　　　　>意图：使前进

　　　　　　　　　　　　　　>情态：有节奏地；连续地

动作内容　　　>自移　　　　>姿态：脚交替落下

　　　　　　　　　　　　　　>方向：向前

　　　　　　　　　　　　　　>速度：不定

　　　　　　　　　　　　　　>频率：多次

动作影响　　　>位移　　　　>位置改变：离开原来位置

再以外施事动作动词"捣"为例。"捣"的语义赋值情况表述如下：

动作角色　　　>施事　　　　>性质：人

　　　　　　　　　　　　　　>动作部位：手；肘

　　　　　　　　　　　　　　>意图：使接触；使粉碎

　　　　　　　　　　　　　　>情态：紧张地；用力地

　　　　　　　>工具　　　　>性质：长条形的物体

　　　　　　　>本原客体　　>受事 1：无生物体

　　　　　　　　　　　　　　>特征：块状或粒状

　　　　　　　　　　　　　　>受事 2：人的身体

　　　　　　　　　　　　　　>受事 3：特指衣服

动作内容　　　>施力　　　　>力度：用力地

　　　　　　　　　　　　　　>方向：朝向物体的方向

　　　　　　　　　　　　　　>速度：快

　　　　　　　　　　　　　　>频率：单次或多次

　　　　　　　>接触　　　　>性质：终点接触

　　　　　　　　　　　　　　>频率：单次或多次

```
                              >接触双方：工具与受事；手与受事
动作影响      >客体变化      >形状变化：变细碎
                              >体感变化：感到疼痛
                              >外观变化：变干净
```

小结：

本章从信息编码的角度，基于现代汉语身体动作动词的概念语义框架，将可能影响意义理解的关键语义要素视为变量，建立了动作动词的抽象语义变量系统，探讨了提取语义变量的赋值内容和结果的操作方法。这为研究动作动词概念语义内容的总体分布情况提供了方法论基础。在两类动作动词的语义内容中，不同层级的语义变量的赋值结果和内容如何？同一语义场内的意义相近的动词的区别究竟何在？这些问题都有赖于对抽象语义变量的赋值情况进行全面的量化研究。

第四章

汉语身体动作动词语义内容的量化研究

"人类语言的普遍本质共性就是建立在象似性感受的认知模式中、以语音为手段的语义性。"（李葆嘉，2002）可以说，在认知结构投影下组织而成的语义内容就像人类的基因图谱一样，构成了一个又一个相互关联的语义场，最终形成了语义网络。动作动词的语义作为语义网络的一部分，只是"……动作的一种认识模型（或者其简化、抽象），其识别性质则是对应动作已被认识的主要性质……词义的整体所指只能在所关联的上层句义中完全确定，其内涵则由所涉及的下层识别性质决定。"（叶思聪，1998）每个动作动词的词汇意义都是一个包含诸多语义因素的整体，诸多动作动词之所以彼此语义有差别，就在于这些构成语义整体的因素有着内容和程度的不同。本章将从动作动词语义内容的定量统计出发，探讨构成动作语义场的一系列动作动词的具体差别所在。

第一节　动作动词语义内容的研究方法

动词是人类自然语言中的大类。长期以来，对动词语义内容的分析和统计一直是语义研究的重中之重，特别是在信息自动处理领域，"问答系统、多文档自动摘要、信息抽取、语义检索、机器翻译评测等"（刘茂福等，2013）都离不开对动词语义内容的细致刻画。"工欲善其事，必先利其器"，选择合适的研究方法显得尤为重要。

一、词汇语义研究方法综述

从方法论角度来看，对词汇语义的研究方法有如下几种代表性观点。

（一）结构主义视角

在结构主义的观照下，将词义的微观结构视为一系列二元对立的语义成分的组合和聚合关系的重组结果，目的在于揭示"语义之间的亲属关系和系统模式"（代尊峰、孙洪波，2014），如语义特征分析法、义素分析法、语义成分分析法等。这是最古老、最经典、最传统的语义研究方法，是后续其他方法（如生成语义学、词汇分解理论等）的基础。这种研究方法以直观的方式展示了动词语义的微观结构，清晰地描写了其类聚结构，可以形式化地展示同一义场内多个动词的共同属特性和区别种差特征，还可以解释词语搭配过程中的语义制约关系。这种方法有助于我们深入考虑词义的内涵和外延，对语言信息处理研究具有重要作用。

这种研究方法的弊端也是明显的。首先，对最小意义成分的追求是无穷无尽的。语义学家将最小的意义单位命名为义素，这是一个主观性极强的心理符号，在语义分析的实践中，只要人们肯于继续发掘，总是能找到更细微的差别，有更准确的描述。所谓的"最小语义单位"，也只是研究者们在一定的语义颗粒度下大致达成的主观共识。其次，缺乏可靠、有效的操作方法和验证方法。从义素到附加义的一系列语义单位不同于音素等语音单位①，它没有物质外壳，不能被客观地感知和记录，其研究方法只能依靠人的主观认识，研究主体一旦变更，就有可能得到不同的结果，更不用说对现有结果的验证和修改了。最后，这种分析方法所坚持的二元对立，脱胎于结果主义的范畴观，看似边界清楚明了，实则常常陷入典型与非典型难以取舍的窘境。在认知主义的视角下，词义的属性不可能完全抽象化，而是具有非原属性和具体性，与其坚持抽取词义的固有本质，不如抽取典型样本成员的共同属性。

（二）训诂语义视角

借用训诂学现有的研究成果，将语素视为义素所附着的物质实体，以语素为突破口研究语义内容，这是苏宝荣（2000）在辞书编纂过程中总结提出的想法。这种研究方法与汉字特殊的表义特征有着密切的关系。语素义"既是语法形式的底层，也是语义结构的底层"（林新年，2003），而义素也对应地被规定为最小的抽象语义单位。在语流中，义素具体体现为语素义，也可以说，语素即义素的载体。在汉语中，语素多与汉字一一对应，汉字数量有限，语素的量也是可以相对控制的。而且，积淀深厚的中国传统训诂学成果也为这种方法提供了便利条件。符准青（1996）也曾提出对词义的研究要"以自然语言对词义的表现为基础，加以适当的调整、限制，使其规整，结合必要的形式化，去分析、说明词义"。

以语素为突破口研究词义，关键要理清三个关系。首先是汉字、词和语素义之间的复杂关系。这也是意义的形式、形式的单位和意义的单位三者之间的复杂关系。从古代汉语到现代汉语的嬗变，导致语素与汉字、词三者之间的对应关系错综复杂。一个语素义所对应的形式单位可能是汉字，也可能是词；一个汉字可能包含多个语素义。以语素为义素的附着物的设想恐怕难

---

①贾彦德在《汉语语义学》中列出了 7 个语义单位，包括义素、语素义、义位、义丛、句义、言语作品义和附加义。

以操作。其次是同一个汉字所表示的全部语素义之间的关系。这与词源学中的本义和引申义的关系类似。在各个语素义中，如何认定哪个是初始义、哪个是后来派生的意义？在划分意义时，区分度如何界定？这些问题恐怕在训诂学领域也还没有完全解决。再次是在汉语的历时演变中词义与语素义的更迭关系。汉语词汇在数千年中不断演变，词义和语素义的构成也发生了巨大的变化。比如，有的古代语素义可能在现代汉语中既是语素义，也是词义，有的古代语素义变成了词义，还有的古代语素义则保留了原有的语素义，同时又发展出新的词义和语素义。语素义、词义和汉字三者之间的共时和历史关系已经如此复杂，如果要把义素与语素义完美对接，恐怕还需要很长的路要走。

（三）概念认知视角

以概念为描述对象，将语义视为心理过程中概念化的结果，靠大量的人工输入灌输语义知识，从而构建概念网络，单个动词的语义则要依赖于其所处概念网络的层次和定位，这是 HowNet（知网）、HNC（自然语言理解处理技术）和 WordNet（框架网）的做法。其目的是帮助计算机理解自然语言，从而实现信息自动处理。三者略有不同。HowNet 既描述概念及其属性，也描述概念之间、概念属性之间的关系，着力分析概念的个性和共性，构建知识网络体系。HNC 的目的则是使计算机获得消除模糊的能力，通过理清概念脉络，让计算机模拟人类处理自然语言的思维过程，对动词词汇语义的理解仅是其五大理解模式①的最底层——词汇层面的理解模式的一部分。WordNet 通过语义框架来描述词义，认为具体词义的理解不能离开其所在语义框架的知识和情境，在具体的语句中词义之所以不同，是因为它参与

---

①苗传江（2005）认为这五大理解模式由底层到高层依次为词汇层面的理解模式、语句层面的理解模式、句群和篇章层面的理解模式、短期记忆和长期记忆的形成及相互转化的模式和自学习模式。

了不同的语义框架，并激活了所在框架的某些方面（史燕等，2009）。

将概念引入语义研究领域的研究方法是伴随着认知语言学的兴起而发展起来的，弥补了生成语义学对语义重要性的认识不足，也改变了形式语义学将自然语言视为逻辑运算结果的唯理主义方向。特别是在计算机科学高速发展的今天，这种研究在计算机理解人类语言、信息自动处理等领域的应用价值极高，而且已经形成了完善的理论体系，建立了大规模的数据库。唯一的缺陷在于，受制于现有计算机的知识处理水平，语义知识依然要依靠大量的人工劳动来完成，比如 HowNet 的材料来自单语或双语词典，HNC 的概念节点需要人工设置，WordNet 的语料库也有赖于人工建立。

（四）元语言视角

假设一套通用的"语义基元"作为普遍语义的最小单位，研究语义基元在各种人类自然语言中的对应形式，试图用形式简单、总量有限的一组基元词（即"元语言"）来解释该语言中的其他词汇的语义内涵和文化信息。自然语义元语言理论（NSM 理论）的研究者们就采取了这种研究方法。他们认为概念是人类认知的共性，提出了"语义基元"（即概念基元）的概念，而且"任何概念都可以用具有普遍意义的自然元语言来描写"（钟守满，2013）。这就将以往研究中的语义特征、语义成分等赋予了语言形式，用普遍的句法模式把数量有限、意义内涵单纯的一系列基础词汇[1]组织起来，研究其他词汇的语义内容。

采用语义基元词来研究语义内容的方法在词汇语义研究方面灵活性大、解释力强，"为词汇类型学和语义类型学研究开辟了新的广阔前景"（李炯英，2012），也为词典编纂提供了新的视角。词典编纂的重要原则之一就是要控制释义词的数量。采用基元词进行释义，可以避免用难度高的词去解释

_____

[1]随着研究的深入，语义原词的数量也发生了变化，从最初的 14 个发展到现在的 60 余个（许永娜，2014）。

简单词，也可以避免循环论证，这样就保证了"释义的可读性和语义间的平衡"（钟守满，2008）。而且，语义基元词具有文化中立的普遍性，更有助于分析不同文化脚本中特定文化词的意义。其局限性在于，由于坚持认知和语言普遍观，这种研究方法"过分强调基本语义在各种语言中都有它的对应形式，过分强调语言认知和表达的逻辑性和精确性"（张积家、姜敏敏，2007），以至于忽视了人类思维和语言的模糊性和情境性。

（五）词典释义视角

从现有优秀词典中的释义内容中选择关键词，以此为直接材料，提取意义属性，搭建意义框架，补充和完善词汇语义内涵，如李葆嘉（2002）的析义元语言理论、于屏方（2006）的动作义位释义框架模式理论等就采用这种研究方法。在词汇语义学中，研究材料多来源于人的主观设定，无论是概念、义素、信息节点还是语义属性、语义关系等要素，都是研究者心理推导的结果，并不具备客观形式。现有优秀词典中的义项和释义，是一代又一代对语义学和训诂学有深厚研究和丰富经验的编纂者反复修订的成果，简明扼要，概括性强，实现了"主观性中最大的客观可能"（黄建华，1994）。

这种研究方法的问题在于将研究材料来源的客观性视为语义研究中的客观主义倾向，将词典释义直接等同于人类认知概念的全部。认知概念是人类认识世界的全部知识的总和，包括核心特征和非核心特征；词汇语义仅仅抽取了足以在该语言中用来指称和描述特定事物、性质或过程的区别性特征，舍去了不相关的内容；词典释义则更进一步，是对具体词义的区别性特征的抽象概括。那么，利用词典释义来研究词汇语义，貌似走了捷径，实则"等于是在词义这种残缺的概念反映中整理分析人类语言的语义系统，这显然是不合理的，也无法客观、全面地表现人类的认知系统在语言中的状态"（林新年，2003）。此外，李葆嘉等人（2002，2005，2007）对析义元语言的研究，明确指出其研究材料取自某些权威大型词典的释义，同时又认为析义元语言是释义元语言的基础。这就构成了从现有词典释义到析义元语言、再回到词典释义的无限循环过程，完全回避了人的概念认知在语义理解中的作用。本研究认为，整体把握动作动词的概念语义内容是对其准确释义的前提，析义元语言是释义元语言的基础，而非相反的关系。

二、对动作动词语义内容研究方法的思考

在对词汇语义研究方法进行总结分析之后，联系汉语动作动词语义内容的实际情况，我们认为：

第一，动作动词语义内容的分析、形式化乃至统计都离不开主观的体验、分析和推导。语义研究的主观性是不可回避的，动作动词反映人体与客观世界的互动形式，与人的直接经验紧密联系，对它的语义研究要在大脑中充分构拟发出该动作时的各种情形和要素。

第二，以释义研究和词典编撰为目的的动作动词语义研究，不能追求形式化。用数值和逻辑符号代表甚至代替语义信息，是形式语义学的一贯研究方法，也是自然语言信息处理领域所常用的手段，但是这些领域中所研究的语义信息是指语义属性，而非具体的语义内容。本研究中对动作动词的语义内容所进行的研究，是为了服务于词典释义，所以不宜采用形式化的手段。

第三，语义内容的表述不能追求形式最简，要以能够理解为最低限度。准确和简要当然是科学表述的第一要求，然而，语义研究的主观性和复杂性使得"准确"和"简要"都成了只能无限逼近的标准。对于语义内容的表述，如果要尽可能实现"准确"，就要详尽地描述细节，以免出现遗漏，表述上必然复杂；如果要尽可能实现"简要"，自然要丢掉一些细节，以追求大体上的相似，表述上必然不够准确。本研究力求达到准确和简要的平衡，以"准确"为第一目标，在能够实现自然理解的基础上尽可能简要。

第四，语义研究要依托语义框架，结合语料库的定量研究。对动作动词

的词汇语义研究不能只局限于词汇本身的意义，而要将其置入情境事件中，将其视为构成事件场景的核心要素之一，从整个事件脚本的全局出发，观察参与动作的各个要素在概念框架中的位置和作用。单一的情境是不够的，要借助语料库的定量研究，把诸多情境归纳为动作事件，在动作事件的框架下探讨动作动词的语义内容。

第二节　动作动词语义内容的量化统计方法

"定性取舍要有量的依据，定性结果要有量的原则"（安华林，2005：11），对动作动词概念语义的分析是基于认知主体的身体经验和主观感受的，具有任意性和零散性的特点，"更需要客观的、可验证的外部数据进行有效的干预和纠偏"（于屏方，2006：18）。对于外部数据中所呈现出的规律，也应该用质性分析的方法进行讨论和总结。

基于汉语身体动作动词概念语义信息库，本节尝试对动作动词的语义内容进行定量统计，统计对象为各级变量本身的数量和末层变量的赋值结果。对前者的统计，主要采取计数统计法；对后者的统计，既采用计数统计法，也要对结果进行归纳总结和举例分析。目的在于通过对比分析，了解动作动词的词汇意义的共性和个性。为了更好地解释研究方法，本小节以"拖、拉"义场下的一组动作动词"拉、牵、拔、抽、拖"（以下简称"拉"类动作动词）为例，详细说明如何对动作动词概念语义信息进行定量统计操作，并对相关内容进行适当的定性分析。

一、"拉"类动词概念语义变量的统计过程

各个层级的语义变量构成了动作动词概念语义的框架。一般说来，同一

语义场内的各个动作动词的变量系统差别不大，动词之间的语义差别主要体现在赋值结果上。某个动作动词的语义变量系统与另一个动词的差别越大，就意味着这两个动词的语义相似度越小，二者处于同一语义场的可能性也就越小。此外，有差别的变量所在层级越高，二者的语义内容差距就越大。对动作动词语义变量的统计，本节将按照层级顺序依次进行计数统计。

参照"拉"类动作动词的概念语义变量系统的赋值情况（见附录2），其各层级赋值情况统计结果如下：

表4-1　"拉、牵、拔、抽、拖"的赋值数量统计表

	拉	牵	拔	抽	拖
一级语义变量	3	3	3	3	3
二级语义变量	7	7	7	7	8
三级语义变量	16	18	14	14	17

从表4-1来看，首先，一级语义变量（共3个）是这5个动作动词全部具备的。这是因为在动作动词的概念语义变量系统中，一级语义变量脱胎于动作动词原有的概念语义框架，动作角色、动作内容和动作影响共同构成了一个完整的动作事件的全部要素，是动作动词概念语义变量系统中的必有成分，不论是在外施事动作动词中，还是在自施事动作动词中，这三个一级语义变量都是缺一不可的。

二级语义变量的统计结果开始出现差异。比如"拉"和"牵"在工具变量上出现了差异。一般情况下，动作"拉"不需要工具，动作部位直接接触客体受事，如"拉开大门、一把拉过孩子"等；而"牵"则需要借助于"绳子、链子"等辅助性事物来完成动作，如"牵着马、手里牵了一辆玩具车"等。因此，动作动词"牵"比"拉"多了一个二级语义变量"工具"，且"工具"特指"绳子、链子等"。

三级语义变量是建立在二级语义变量的基础之上的，差别更加明显。举例来说，动作"牵"和"拔"造成的结果都是客体发生了位移，但是，"牵"的客体位移情况更加复杂一些，同时包括"位置改变""运动状态改变"和"运动方向改变"三个变量；而"拔"仅仅造成客体的"位置改变"。

换一个角度来看，"拉"类动作动词语义内容在动作动词概念语义变量系统中的分布情况如下：

表4-2　"拉"类动作动词语义内容在动作动词概念语义变量系统中的分布情况

一级语义变量	动作主体							动作内容							动作影响				
共计	3							2							2				
二级语义变量	施事				工具	客体		施力				接触			位移			变化	
共计	5				1	5		5				5			5			1	
三级语义变量	性质	动作部位	情态	意图	性质	受事	处所	速度	力度	方向	施力频率	接触性质	接触频率	接触双方	位置改变	运动状态改变	运动方向改变	受事性状改变	处所形状改变

在表4-2中，我们暂不考虑具体是哪个动作动词的语义内容缺省了哪个

语义变量，而是从整个"拖、拉"语义场的整体出发，来观察各个语义变量的高频和低频分布情况。

在二级语义变量中，施事、客体、施力、接触这 4 个变量和位移变量是全体动作动词所共有的，可以确定这些动词都是位移动词。"拖"虽然具有变化变量，但是这一变化并不是发生在本原客体受事上的，因此也是位移动词。另外，工具不是"拉"类动词的重要语义要素，只有动词"牵"的语义内容包含了工具变量。

在三级语义变量中，施事性质、动作部位、施力力度、接触性质、位置改变等语义变量为这 5 个动作动词共有，再一次印证了它们均为位移动词的事实。但在动作影响方面；动词"拉、牵"除了造成位置改变之外，还导致客体的运动状态和运动方向的改变，这是"拔、抽、拖"所不具备的。而"拖"所涉及的客体中还凸显了"处所"，这也是与其他 4 个动词不同的。

二、"拉"类动词语义变量赋值结果的统计过程

如果把动作动词的概念语义内容总体比作建筑物，那么各层级语义变量就好比房屋的梁、柱、墙、门窗等，它们构成了整栋语义大厦的框架结构；语义变量的赋值结果则像是这些结构的选材和装饰，组成了整个建筑物的表面外观。人们观察一栋建筑的特点，固然要考虑基本的建造结构，不过，毕竟建筑物的结构都差不多，所以，人们总会把注意力放到建筑物的外在形式上。同理，在描述和比较动作动词的语义内容时，语义变量之间的差异显然不如赋值结果的差异更加明显。本节将对"拉"类动词末级语义变量的赋值结果进行统计和比较，探讨这 5 个动作动词的语义差别何在。

"拉"类动作动词末级语义变量的赋值结果统计如下：

表 4-3　"拉"类动作动词末级语义变量的赋值结果

赋值结果		拉	牵	拔	抽	拖	数量
施事性质	>人	√	√	√	√	√	5
动作部位	>手	√	√	√	√	√	5
动作意图	>使移动	√	√	√	√	√	5
	>使变化					√	1
动作情态	>费力地	√				√	2
	>紧紧地	√	√				2
	>突然地			√	√		2
	>迅速地			√	√		1
	>持续地	√				√	3
工具必要性	>无工具	√		√	√	√	4
	>可有可无		√				1
受事客体	>可以被移动的无生物体	√	√	√	√	√	5
	>包括人在内的动物	√	√	√	√	√	5
处所客体	>地面					√	1
施力力度	>用力地	√		√		√	3
	>适中地	√			√		3
施力方向	>朝向施事的方向	√	√			√	3
	>（从原来位置）向外			√	√	√	3
施力频率	>单次	√	√	√	√	√	5
施力速度	>快			√	√		2
	>适中	√	√				2
	>慢					√	1
接触性质	>位移接触	√	√	√	√	√	5
接触频率	>单次	√	√	√	√	√	5
接触双方	>手与受事	√	√	√	√	√	5
	>工具与受事		√				1
受事位置改变	>靠近施事	√	√			√	3
	>离开原来位置			√	√	√	3

94

赋值结果		拉	牵	拔	抽	拖	数量
受事运动状态改变	>由静止到运动	√	√				2
受事运动方向改变	>朝向施事	√	√				2
处所性状改变	>变干净					√	1

由表 4-3 可知，"拉"类动作动词的共性体现为"施事性质>人、动作部位>手、动作意图>使移动、受事客体>可以移动的无生物体和包括人在内的动物、施力频率>单次、接触性质>位移接触、接触频率>单次"。一般情况下完成"拉"类动作不需要工具。这也从另一个角度印证了"拉"类动作动词都是"原因+位移"类动词。

这 5 个动作动词词汇意义之间的差别主要体现在动作情态、施力的力度、方向、速度、频率和对受事的运动状态的改变上。比如在动作情态方面，"拉、牵、拖"都是持续性的动作，而"拔、抽"相对显得"突然"。语义变量的赋值结果情况是互相关联的，如在受事的位置改变方面，"拉、牵"的结果都是靠近施事，"拔、抽"则是离开原来的位置，是否靠近施事是不一定的，而"拖"则有两种可能，这也对应于它的施力方向"朝向施事的方向"和"（从原来位置）向外"。再如只有"拖"的语义内容中包含了处所性状改变（变干净），这与"拖"具有处所客体的独特性有关。"拖"可以带处所宾语（如拖地、拖地板），这是其他 4 个动作动词所不具备的。

第三节　外施事动作动词的语义内容的统计情况

每个词汇的意义都是一个具有内部层次的综合体，对词汇意义的研究可以在不同的层次上次第开展。在第二章中，本研究从词化模式的角度将动作动词区分为外施事动作动词和自施事动作动词，其中前者 141 个，后者 19 个。从比例上来看，外施事动作动词构成了汉语动作动词的主体。本节将对外施事动作动词的概念语义内容进行梳理和统计，探讨这类动词在语义信息分布上的特点。

一、语义变量统计情况

（一）一级语义变量

一级语义变量是构成动作动词概念语义变量系统的必需要素，动作角色、动作内容和动作影响缺一不可，绝对不存在缺省的可能性。因此，对一级语义变量不再进行统计，全部记作 100%。

（二）二级语义变量

我们按照动作事件发生的时间顺序来依次统计二级和三级语义变量的情况。总体情况如表4-4所示：

表4-4　外施事动作动词二级、三级语义变量统计情况的出现频率

二级变量名称	出现频率	三级变量名称	出现频率
施事	100%	施事性质	8.5%
		施事特征	0.71%
		施事意图	95.04%
		施事情态	100%
		动作部位	100%
工具	22.62%	工具性质	22.62%
材料	7.8%	材料性质	7.8%

二级变量名称	出现频率	三级变量名称	出现频率
本原客体	100%	受事	83.69%
		受事特征	53.9%
		分事	12.06%
		材料	5.67%
		成事	3.55%
		处所	2.13%
其他客体	27.66%	处所	12.06%
		受事	6.38%
		成事	9.22%
		材料	0.71%
施力	100%	力度	100%
		方向	100%
		速度	100%
		频率	100%
接触	94.33%	接触类型	94.33%
		接触频率	94.33%
		接触双方	94.33%
位移（包括本原客体位移和其他客体位移）	100%	朝向改变	5.67%
		位置改变	61%
		运动状态改变	11.35%

二级变量名称	出现频率	三级变量名称	出现频率
变化 （包括本原客体 变化、其他客体 变化和施事变化）	59.57%	充实状态变化	3.55%
		存现变化	4.96%
		隐现变化	4.96%
		分布状态变化	4.26%
		开合变化	6.38%
		离合变化	7.09%
		形状变化	10.64%
		外观变化	18.44%
		可能性变化	2.13%
		声光变化	2.84%
		温度变化	0.71%
		体感变化	6.38%
		生命力变化	2.13%
		姿态变化	1.42%

在这 141 个外施事动作动词中，共包含二级语义变量 12 种，具体统计结果如下：

施事

施事代表动作发出的主体，是每个动作动词必有的语义变量，出现频率为 100%。

本原客体

本原客体同施事一样，也是动作动词必有的语义变量，出现频率为 100%。

其他客体

与本原客体不同，其他客体出现频率虽然比较高，但并不是外施事动作动词必须具有的语义变量，出现频率为 27.66%。

工具

尽管发出动作的身体部位被视为"准工具"，但是这里的"工具"变量专指除了身体部位以外的、完成动作所借助的物体。大多数动作过程只由身体部位即可完成，不需要工具进行辅助，比如"挠、吃、眨"等，占67.38%；有些动作过程必须借助工具，比如"捣、切、刻"等，占22.62%；有些动作过程既可以仅靠身体部位来完成，也可以借助工具来完成，比如"埋、涂、泼"等，占 9.93%。

材料

动作过程涉及材料的外施事动作动词并不多，只有 11 个，占 7.8%，如"捏、裹、粘、糊"等。

施力

施力是完成动作的基本前提，即使是"碰、摸_{额头}"等以接触为目的的外施事动作动词，也必然要求身体部位先发出力量，然后才能完成动作。因此，"施力"变量出现的频率为 100%。

接触

同"施力"变量不同，有些动作的确不存在动作主体与动作客体之间的接触。没有"接触"变量的动作动词有"指、招、甩辫子、瞪、眯、扬、抬头"7 个，占 5.67%。

本原客体位移

对动作本原客体产生的直接影响为位移的外施事动作动词共 93 个，占65.96%，如"挤_{牙膏}、按、拔、扔"等。

本原客体变化

对动作本原客体产生的直接影响为变化的外施事动作动词共 65 个，占46.1%，如"裹、拌、擦、刻"等。

其他客体位移

对动作其他客体产生的直接影响为位移的外施事动作动词只有 3 个，占 2.13%，是"拍、跺、抖_{床单}"。

其他客体变化

对动作其他客体产生的直接影响为变化的外施事动作动词共 16 个，占 11.35%，如"磨_脚、揭_{锅盖}、灌、剃"等。

施事变化

根据生活经验，人对动作客体施加力量、发出和完成整个动作过程，受到动作影响的不只有动作客体，动作主体施事也会受到力的反作用的影响，产生身体受到伤害、感到疼痛、劳累等变化。这种指向施事的动作影响，在句法上一般体现为补语，如"吃饱了就休息、砍树砍累了、鼓掌鼓得手都麻了"等。这种影响也可能导致施事的位移，在句法上用更加复杂一点的句式来表示，如"推了一把没推动，自己倒弹出去好远"。这些发生在施事主体的位移和变化，可以视作动作过程的"副产品"，是施事性因果链的后续结果，而非动作的直接影响，句法上的复杂形式也提供了佐证。唯一例外的是动作动词"吃"，在人们的常规认知中，"饱"这种体感变化是伴随着"吃"这一动作即时显现的。因此，在 141 个外施事动作动词中，仅有"吃"这 1 例的动作影响为"施事变化>体感变化>吃饱了"。

（三）三级语义变量

我们按照动作事件发生的时间顺序来依次统计二级语义变量的情况。在这 141 个外施事动作动词中，共包含三级语义变量 41 种，具体统计结果如下：

施事变量包含的语义变量

施事变量的出现频率为 100%，其包含的性质、特征、动作部位、意图和情态的出现频率也相当高。性质变量和动作部位变量自不必说，当然也是 100%。施事一般都是人（包含动物），性质非常明确，因此，不需要用特征进行补充说明。仅有一个例外，即动词"碰"，要求发出动作的主体施事"可以移动或处于运动状态中"。具有"意图"变量的外施事动作动词共计134个，占95.04%；不包含"意图"变量的共7个，包括"磨_脚、吐、喘、踩、瞪、眨、睁"。绝大部分（93.62%）外施事动作动词都包含"情态"变量。

本原客体包含的语义变量

同动作主体相比，可以充当动作客体的语义角色很多，包括受事、分事、成事和处所、工具、材料等等。如果按照受动作影响的程度划分，一般情况下，我们将受事视为最典型、最核心的动作客体；分事作为施事主体的一部分，是一种特殊的受事；成事也是受到动作影响而产生的新成果。处所、工具和材料也受动作的影响，但是影响效果不那么明显，我们一般将工具、材料视为完成动作的凭借，将处所视为完成动作的地点或路径，它们属于动作客体的外围成分。然而，在考察人的认知概念中认知显著度最高的客体性质时，我们发现，动作的承受者并不一定是每一个动名搭配结构中频率最高的客体成分，其他几种语义角色都有可能成为人类认知中的熟悉度和显著度最高的客体，只是比例略低。因此，本研究将与动作动词相关涉的客体区分为本原客体和其他客体，分别统计其赋值结果。

一般情况下，外施事动作动词的语义变量系统中，每一个动词的本原客体只有一个，但是总有一些例外，比如"挥、抖_床单、撑_船、托、摇_椅子"等。这些外施事动作动词，其本原客体除了有受事之外，还包括了动作主体施事的身体的一部分，即分事。在141个外施事动作动词中，本原客体为受事的动词有118个，占83.69%，如"拔、掰、挤、钉_扣子"等；本原客体为"分事"的动词有17个，占12.06%，如"招、摇_椅子、踩、瞪"等；本原客体为材料的动词有8个，占5.67%，如"盖、铺、浇、灌"等；本原客体为"成事"的动词有5个，占3.55%，如"捏_泥人、沏、刻"；本原客体为"处所"的动词只有3个，占2.13%，是"堵、踩、扫"。

外施事动作动词多以"受事"为本原客体，有些动词甚至有两种或三种不同性质的"受事"充当本原客体，如"捣"的受事就包括"成块或成粒的无生物体，如米、药、蒜等"、"人的身体部位"和特指衣服。类似的动词还有"揉、搓、摘、握"等。

其他客体包含的语义变量

外施事动作动词的语义变量系统中，具有"其他客体"这一变量的动词并不多，只有 39 个，占 27.66%。其他客体为"处所"的动词共 17 个（12.06%），如"拴、灌、跺"等；其他客体为"受事"的动词共 9 个（6.38%），如"磨、盖、吹"等；其他客体为"成事"的动词共 13 个（9.22%），如"钉_{钉子}、揉_{面团}、捅"等；其他客体为"材料"的动词仅 1 个（0.71%），是"刻"。

工具包含的语义变量

在语义变量系统的第三层，跟"工具"有关的变量有两个：一为"必要性"，考察工具是否必须参与动作过程；二为"工具性质"，考察完成特定动作所需要的工具类型或特征。实际上，那些不需要工具的外施事动作动词（67.38%）在二级语义变量中已经被剔除，因此，具有"必要性"和"工具性质"变量的动词数量为 46 个，其中包括 32 个"必要性>必有"的动词和14 个"必要性>可有可无"的动词。

施力包含的语义变量

力度、方向、速度、频率这四个语义变量是考察动作主体施力情况的基本维度，出现频率为 100%。

接触包含的语义变量

接触类型、接触频率和接触双方这三个语义变量是考察动作主体与客体（含工具和材料）之间接触情况的基本维度。由于有 8 个外施事动作动词不包含接触变量，因此，以上三个语义变量的出现频率均为 94.33%。

位移包含的语义变量

这里的"位移"既包括本原客体位移（93 个动词），也包括其他客体位移（3个动词）。具体说来，位移变量包含3个下位语义变量：（1）"朝向改变"变量，具有这一语义变量的外施事动作动词共8个，如"碰、扳、牵、倒"等。（2）"位置改变"变量，具有这一语义变量的外施事动作动词共86个，如"拨、夹、吊、抬"等。（3）"运动状态改变"变量，具有这一语义变量的外施事动作动词共16个，如"踩、咬、压、推"等。就单个外施事动作动词而言，只具有一项位移变量的动作动词有82个，占58.16%，如"拨"只有"位置改变"变量，赋值结果为"脱离原来所在的位置；从里面出来"；具有两项位移变量的动作动词有9个，占6.38%，如"推"既具有"位置改变"变量，赋值结果为"离开原来位置"，又具有"运动状态改变"变量，赋值结果为"由静止到运动"；全部具有三项语义变量的动作动词只有2个，如"拉"同时具备了"位置改变"（赋值结果为靠近施事）、"运动状态改变"（赋值结果为由静止到运动）和"朝向改变"（赋值结果为由原来方向朝向施事），另一个是"牵"。

变化包含的语义变量

这里的"变化"既包括本原客体变化（67个外施事动作动词），也包括其他客体变化（17个外施事动作动词）。变化变量所包含的下位语义变量比较复杂，大致包括以下几种类型：（1）充实状态变化，表示客体发生由充实到空虚或相反的变化，这样的外施事动作动词共5个，如"填、倒"等。（2）存现变化，表示客体发生由存在到消失或相反过程的变化，这样的动词共7个，如"洗、捅"等。（3）隐现变化，表示客体发生由隐藏到显现或相反过程的变化，这样的动词共7个，如"埋、挖"等。（4）分布状态变化，表示客体发生由分散到聚拢或相反的变化，这样的动词共6个，如"堆、拌"等。（5）开合变化，表示客体发生由打开到闭合或相反的变化，也表示客体打开或闭合的角度发生了变化，这样的动词共9个，如"开、锁、眯"等。（6）离合变化，表示客体从整体分离为部分的变化，这样的动词共10个，如"掐_花、砍"等。（7）形状变化，表示客体的外在形状发生了变化，如变凹陷、变平、变细碎等，这样的动词共 15 个，如"按、踩、捣"等。(8) 外观变化，表示客体的外部发生了由断裂到结合、由脏到干净、由粗糙到光滑等或相反过程的变化，这样的动词共 26 个，如"粘、刻、镶、擦"等。(9) 可能性变化，表示客体发生了由可能到不可能发挥某种功能的变化，这样的动词共 3 个，是"锁、堵、捆"。(10) 声光变化，表示客体发出或消失了声响、光亮的变化，这样的动词共 4 个，是"打、敲、拍、吹"。(11) 温度变化，表示客体发生了升高或降低温度的变化，这样的动词只有 1 个，是"搓"。(12) 体感变化，表示客体（专指人）感受到压力、疼痛等变化，这样的动词共 9 个，如"掐花、磨脚"等。(13) 生命力变化，表示客体（专指人）发生受伤、昏迷、死亡的变化，这样的动词共 3 个，是"掐脖子、刺、捅"。(14) 姿态变化，表示客体（专指人）的身体姿势发生变化，这样的动词共 2 个，是"扶老人、撑船"。

二、赋值情况的统计结果

(一) 施事的下位变量的赋值情况：性质、特征、意图等

施事性质

在 141 个外施事动作动词中，有 12 个动词既可以表示人发出的动作，也可以表示动物发出的动作，占总数的 8.51%。这些动词多跟表示基本生理活动的动作有关，如"甩尾巴、喘、吞"等。

施事特征

动作动词的发出者是人，一般情况下，对施事"人"并没有特别的限制或前提。在全部 141 个动作动词中，只有一例"碰"，其特征变量的赋值结果为"处于运动状态中"。

施事意图

概念语义变量系统中不包含"意图"变量的外施事动作动词共 7 个，包

括"磨脚、吐、喘、跺、瞪、眨、睁"。其动作客体大部分都是施事的身体部位，语义角色为分事。"磨脚"的施事主体是无意识地发出动作，作为分事的身体部位（如尾巴、辫子等）被动地接受了"破损、受伤"的动作结果。后6个动词表示的都是生理活动，是施事主体不能通过主观意识进行控制的基本生理反应，所以也就不存在主观意图。

　　具有"意图"变量的动作动词共计134个，赋值结果有42种类型。不同类型的赋值结果及其动作动词数量如表4-5所示：

表4-5　外施事动作动词"意图"变量的赋值结果

赋值结果类型	使移动	使分离	使固定	使接触	使变形	使破裂	使覆盖	获得	承受重量	使处于指定位置	使闭合	使隐藏	使透	使变干净	使充满	使聚拢	使失去生命	使穿透	丢弃	指示	使进入	使转动	使延展	使处于空中	使到达指定位置	吸收	使摩擦	使分散	使接合	容纳	使保持直	使变高厚	使隔离	使浓度变化	使不掉落	使打开	使在有限范围内活动	使发出声	使显露	使感到疼痛	感受
动词数量	29	22	19	17	11	9	7	7	5	5	4	4	3	3	3	3	3	3	2	2	2	2	2	2	2	2	1	1	1	1	1	1	1	1	1	1	1	1	1	1	1

　　三级语义变量"意图"的赋值结果类型可以分为以下几类：

　　（1）使发生位移或保持静止，包括"使移动、使进入、使转动、使到达指定位置、使在有限范围内活动"和"使固定、使处于指定位置、使处于空中、使不掉落、使不能活动"。这种类型的动词比例最高，为32.8%，如"抬、挂、按"等。

　　（2）使分开或加合，包括"使分离、使隔离、使打开"和"使聚拢、使闭合、使分散、使接合"，这种类型的动词比例为17.9%，如"掰、镶、关"等。

　　（3）使接触，包括"使接触、使覆盖、使附着、使摩擦"，比例为14.9%；也包括"使穿透、使充满"，比例为3.1%，如"盖、蹭、刺"等。

　　（4）使外观发生变化或保持原状，包括"使变形、使破裂、使变干净、使变高（或变厚、变平正）"和"保持直立"，比例为13.8%，如"擦、垫、捏"等。

（5）不考虑动作对客体的影响，从施事的角度出发，描述施事的目的，包括"获得、承受重量、丢弃、指示、吸收、容纳、感受"，比例为11.3%，如"甩、拎、指"等。

（6）当本原客体的性质为人或身体部位时，施事的意图为对其造成伤害，包括"使失去生命、使感到疼痛"，比例很低，为2.6%，如"刺、掐"等。

（7）使客体发生隐现变化，包括"使显露、使隐藏"，比例为2.6%，如"掀、揭"等。此外，还有"使浓度变化"（沏）和"使发出声音"（敲）。

施事情态

人在发出动作的时候，可能会伴随着一些情绪、状态、感受或自然反应，本研究将这些动作附带的内容命名为施事的"情态"变量。理论上来说，由于施事主体可能在各种情境中发出动作，因此，动作伴随的情态数量是不可计数的。即使是通过检索语料库进行归纳，获得的结果也将是惊人的。比如，通过检索语料库前3000条例句，我们发现，施事主体"瞪"的时候，伴随的情态包括"专注地、认真地、失神地、好奇地、吃惊地、恐惧地、愤怒地"等，如果过分追求描写的精度，情态变量的赋值结果可能是无穷无尽的，我们必须对其进行提炼和概括。在本研究中，正如语料库的检索结果所示，跟"瞪"有关的情态主要体现在感情方面，因此，将"瞪"的"施事情态"的赋值结果概括为"附带感情地"。

单个动作动词的"情态"变量的语义赋值结果不一定是单一的，可能有多个结果，比如伴随"敲"这个动作的情态，包括"有规律或节奏地"和"破坏性地"，伴随"喘"这个动作的情态，包括"持续地""费力地"和"不舒服地"。也有一些动作在发出时并没有伴随着明显的情态，比如"放、拿"等。外施事动作动词的施事情态变量的赋值情况见表4-6。

表 4-6 外施事动作动词"情态"变量的赋值结果统计

施事情态	迅速地	突然地	有规律或节奏地	持续地	费力地	小心地	粗暴地	破坏性地	亲密地	附带感情地	试探地	不舒服地	无明显情态
动词数量	22	10	11	27	20	32	9	16	3	11	5	3	28

动作部位

表 4-7 外施事动作动词"动作部位"变量的赋值结果统计

上肢动作部位	手	双手	手掌	手指	拇指和别的手指	手臂	手和手臂	手的虎口	手和其他身体部位	手臂和其他身体部位	指甲	手指肚	
动词数量	105	1	5	7	2	4	4	1	2	1	1	1	共计 176 个
其他身体部位	整个身体	四肢	背部	肩膀	肘	尾巴	头	牙齿	眼睑	指甲	腿	腿和脚	脚	嘴和咽喉	嘴	不定部位
动词数量	5	4	1	5	1	1	5	2	3	1	2	1	2	2	5	2

从表 4-7 可见，外施事动作动词的发出部位主要集中在上肢，占全部身体动作部位的 76.14%。这与"人类直立行走，解放了上肢，开始用双手感受和改造世界"（Ian Tattersall，2015）的认识不谋而合。专门描述手部动作比例最高，占全部身体动作部位的 69.89%。对手部动作的表述精确到了手掌（2.84%）、手指（3.98%）、虎口（0.57%），还有 2 个动词特指拇指和别的手指合作完成的动作（捏_{泥人}、捏_{纸条}）。用上肢以外的其他身体部位完成的动作比较零散，在此不一一赘述。

（二）工具的必要性和性质的赋值情况

如前文所述，工具的必要性变量的赋值结果为"必有"的动词数量为 32 个，占 22.7%，赋值结果为"可有可无"的为 14 个，占 9.93%，赋值结果为"无工具"的动词数量为 95 个，占 67.38%。也就是说，大部分外施事动作动词在完成过程中并不需要借助于工具，只需要依靠身体部位（即准工具）就可以完成。

工具的性质变量的赋值结果比较分散，大致包括以下几种情形：（1）特指某种物体，如"剪"的工具特指剪刀、"钉_{扣子}"的工具特指针线。（2）具有某种特定形状的物体，如"撑_船"的工具是"条状的物体，如棍、棒、杆等"、"刺"的工具是"尖锐的物体，如刺刀、针尖等"。（3）具有某种特定功用的物体，如"沏"的工具是"盛水的容器，如茶杯、碗"等、"扳"的工具是"可以用来辅助旋转的物体"。（4）具有某种特点的物体，如"压"的工具是"具有一定重量的物体"。

（三）材料的性质的赋值情况

如前文所述，具有"材料"变量的外施事动作动词只有 11 个动词，如"包、垫、沏"等。这些动作过程所涉及的材料一般都是具有某种特性的液体和固体，如"冲、洗、沏"的材料均为"水"，但是"沏"的材料还特指

热水或开水，"冲、洗"的材料也可能是其他液体。再如"捏_{泥人}"的材料为
"柔软且具有可塑性的东西，如黏土、面团等"，"埋"的材料为"粉末状、
颗粒状的固体，如土、沙子、雪等"。

（四）客体的下位变量的赋值情况：受事、分事等

外施事动作动词所涉及的客体事物，无外乎受事、分事、处所和成事。
偶尔材料和工具也可以充当动作动词的本原客体，比如"铺"的本原客体即
为"材料"变量，赋值结果为"扁平状、面积较大的无生物品，如被子、床
单等；粉末状、颗粒状的无生物品，如种子、沙子等"。再如"锁"的本原
客体即为"工具"变量，赋值结果为"特指锁"。在本章第三节中，本研究
已经考察了不同语义角色充当本原客体和其他客体的情况。在这里，我们重
点探讨充当客体的受事、分事等语义变量的赋值情况。

受事

受事变量的赋值情况比较复杂。从性质上来看，能够充任受事的事物类
型非常多，大致包括：（1）人体部位类，包括整个人体，动作动词如"拍、
掰、挽、抬"等，都以整个人体或特定的身体部位为受事。（2）器物类，指
有一定功用的东西，动作动词如"包、抽、揭、擦"等，都以具有特定用途
的事物为受事。（3）植物类，如动作动词"掐_花、折、割、拔"等，都以植
物或是植物的一部分为受事。（4）具有特定物态的事物，如动作动词"倒、
捞、吹、喝"等，其受事分别为液体、固体、气体、液体。（5）具有特定形
状的事物，如动作动词"叠、缠、锯、翻"等的受事或为条形，或为薄片状
等。（6）处于特定位置的事物，如动作动词"摘、镶、擦"的受事分别位于
较高的位置、特定的位置和附着在某处。（7）动物或动物的身体部分，如
"牵、扒_皮、捆、拴"等动作动词。（8）食物类，动作动词如"拌、切、咬、
吞"等的受事可能是食物。（9）具有特殊性质的事物类，如动作动词"磨"

的受事为"表面粗糙的东西"、"捆"的受事为"分散或杂乱的东西"等。

（10）特指类，有些动作动词的受事是特别指定的事物，如"掐_{脖子}"特指用手的虎口部位按住"人的脖子"，"扬"的受事之一是特指"风帆"。

受认知能力和分类精度的限制，以上 10 类其实只是尽可能地对受事变量的赋值类型进行了划分。总的来说，受事变量的赋值结果可以概括成有生类和无生类两种。前者主要指人和动物，后者即为各种无生物品、器物等。为了更加精确地描述受事变量的赋值情况，本研究在给受事进行简单定性的同时，还为 76 个不容易用性质来描述的受事增加了"特征"变量，用来更加准确地描述充当动作直接关涉对象的受事的细节特征。这些特征包括以下几方面：（1）体积方面，如"甩_飞"的受事特征为"体积不大，能够用掌心容纳或抓住"，"捏"的受事特征为"体积较小；重量较轻；能够夹在手指中间"，"搬"的受事特征为"笨重，体积较大"。（2）形状方面，如"掰"的受事特征为"条状；块状"，"夹_{着包}"的受事特征为"扁平状"，"扬_沙"的受事特征为"细碎的颗粒状或粉末状"。（3）位置方面，如"脱"的受事特征为"原来在身体上"，"捞"的受事特征为"处于水中或其他液体中"，"抽"的受事特征为"处于同类的东西中间"。（4）移动的可能性方面，如"拨_{门闩}"的受事特征为"可以移动"，"扳"的受事特征为"可以朝着特定的方向转动"，"牵"的受事特征为"可以自由行走或移动"，"撑_伞"的受事特征为"要倒；要掉落"。（5）原来状态方面，如"开"的受事特征为"原来是闭合、聚拢的"。（6）功能方面，如"涂"的受事特征为"有颜色、能治病"，"戴"的受事特征为"起装饰、保暖或标志等作用"，"吃"的受事特征为"可以食用"，"敲"的受事特征为"能发出声响"。（7）重量方面，如"拖"的受事特征为"沉重的；具有一定的重量"，"托"的受事特征为"具有一定的重量，体积不太大，单手或双手能够承受"。此外，还有一些外施事动作动词的受事或具有一定的硬度，如"打"；或具有一定的面积，如

"拍"；或具有一定的温度或特别的形状，如"摸"。这些特征比较零碎，此处不再一一赘述。

分事

有的分事与动作部位相同，如"眨、甩小辫、踩"。有的分事则与动作部位不同，如"托"的动作部位为"手"，但分事的赋值结果为动作发出者的"身体部位，如腮、下巴、头等"；再如"撑船"的动作部位为"手"，但分事的赋值结果为动作发出者的"整个躯干"。

成事

成事变量充当本原客体的外施事动作动词有 5 个，充当其他客体的有 13 个。这 18 个成事变量的赋值结果有一个明显的特征——具有特定的形状、功用、构成或目的。如动作动词"叠"的成事为"特定形状的东西，如叠好的衣服"，"铺"的成事为"特指铁轨、路等"，"刻"的成事为"有特别的图案或花纹的器物"，"糊"的成事为"用胶水和别的东西制成的物品，如信封、纸盒、风筝、灯笼等"。

处所

多数情况下，处所只能充当其他客体，这样的外施事动作动词有 17 个，如"摸鱼、插、镶"等，只有在"堵、踩"这两个动词的语义变量系统中，处所充当本原客体。处所变量的赋值情况包括：（1）容器或基底，如"塞、插"的其他客体为"容器，或有口儿、孔洞或缝隙的东西"，"倒、灌、冲"的其他客体均为"容器"。（2）特定形状或硬度的地方，如"填"的其他客体为"凹陷或有空的地方"，"摸鱼"的其他客体为"比较小的空间，如口袋里、地上等"。（3）特指的地方，如"拖"的其他客体为"特指地板、地面"，"揭锅盖"的其他客体为"特指锅"。

材料

材料充当本原客体的外施事动作动词共 8 个，充当其他客体的仅 1 个。如果根据材料的物态来区分，材料变量的赋值结果包括两种情形：（1）材料变量为液态，如动作动词"泼、灌、浇"的本原客体均为"水或其他液体"。（2）材料变量为固态，并具有一定的功能、形状或质地等，如"刻"的其他客体为"质地坚硬的竹、木、玉、石、金属等东西"，"铺"的本原客体为"扁平状、面积较大的无生物品，如被子、床单等；粉末状、颗粒状的无生物品，如种子、沙子等"，"揉_{面团}"的本原客体为"具有可塑性的无生物品"。

工具

工具充当本原客体的外施事动作动词仅 1 个，即"锁"，其赋值结果为"特指锁"。

（五）施力的下位变量的赋值情况：施力的力度、方向、频率、速度

施力力度

动作主体发出的动作必然伴随着一定程度的力量。大多数动作动词所描述的施力的力度可以分为"轻轻地、适中地和用力地"三个。有个别动词，如"压、挂、吊"，动作主体施力的力度等同于受事物体或凭借工具的重量所带来的重力，所以将其施力力度描述为"等同于重力"。本研究对某个动作动词的施力力度的界定没有采用从大量语料中提取该动词前后一定范围内修饰成分的方法，而是采用与同一语义场内其他近义动作动词相比较的方法，确定发出该动词时施事主体可能采取的力度。比如，"钉_{钉子}"的力度为"用力地"，而"钉_{扣子}"的力度则为"轻轻地"。另外，就某一个动作动词而言，其施力力度的赋值结果可能是单一的，比如"扬_头"的力度为"轻

轻地";也有可能是多个的,比如"扬_沙"的力度为"轻轻地、适中地","折"的力度则多达三个,为"轻轻地、适中地、用力地"。外施事动作动词施力力度的情况和动词数量见下表4-8。

表4-8　外施事动作动词"施力力度"变量的赋值结果

施力力度	轻轻地	适中地	用力地	等同于重力
动词数量	33	84	55	10

如果将施力的力度视作一个从弱到强的渐进的量表,如表4-8可见,59.57%的外施事动作动词的施力力度的赋值结果为"适中",即动作主体在完成这类动作时,大多数情况下是没有力度偏好的,比如"钉_{扣子}、塞、粘"等。在人的认知印象中,"用力"比"不用力"的显著度更高,因此,需要"用力地"完成动作的动词数量(39%)要多于"轻轻地"完成的动作动词(23.4%)。赋值结果为"等同于重力"的动作动词(7.09%)比例不高,基本上与"施力方向:对抗重力的方向"相呼应。

施力方向

动作主体施力的方向与动作部位移动的方向一致。动作部位移动的方向毕竟是有限的,所以施力方向变量的赋值结果范围虽然较广,但是基本上有规律可循,如下表4-9所示,五组对称方向几乎囊括了92.2%的动词,仅有11个动作动词的施力方向是不定的,如"糊、扫、沏、葬"等,这些动词描摹的是由一系列细节动作次序发生的复杂过程,施事在发出动作时,施力的方向始终变化,因此,本研究将其赋值结果处理为"不定"。在诸多施力方向中,表示朝向特定目标的动作动词数量最多,占总体的30.5%。其余情况在此不一一赘述。

表4-9　外施事动作动词"施力方向"变量的赋值结果

施力方向	朝向或背离					沿着或对抗重力的方向		向里或向外			向上或向下		相对或相悖		来回	不定
	朝向施事	朝向物体①	朝向处所	朝向掌心	背离处所、附着物等	与重力方向一致	对抗重力的方向	从里边到外边	从外边到里边	以身体为中心向外	向上	向下	相对	相悖	一定范围内来回施力	施力方向持续变化
动词数量	8	23	11	1	4	2	11	10	11	7	4	5	14	4	18	11

施力频率

施力频率变量的赋值结果非常清晰，包括"单次、多次、单次或多次"三种情况。有些动作瞬间就完成了，而且不需要反复，比如"拍、扔"等，只需要发力一次，因此，将其赋值结果记作"单次"；有些动作需要动作主体持续地发力一段时间，过程中不停歇，这样的施力频率也记作"单次"。这样的动词占56.18%。有些动作是一个复杂的系列过程，包含了很多不同力度、不同方向的细小动作，比如"镶、洗"等，这种动词的赋值结果记作"多次"；有些动作包含了一系列重复性的细小动作，比如"磨、捆"，其赋值结果也记作"多次"，这样的动词占20.57%。还有一些动作，施力一次可以看作是完成了这个动作，但是多次重复施力才显得这个动作更加完善，这样的赋值情况记作"单次或多次"，比如"擦、抖"等，这

①这里的"物体"不仅指受事物体，也包括了分事身体部位。限于篇幅，此处仅以"物体"一词来代称。

样的动词占 16.31%。(如表 4-10 所示)

表 4-10　外施事动作动词"施力频率"变量的赋值结果

施力频率	单次	多次	单次或多次
动词数量	89	29	23

施力速度

施力速度变量的赋值结果包括快、慢和不定三种情况。有些动作发出时,动作部位与受事客体的距离近,接触频率高,施力的速度通常比较快,如"敲、打、碰"等,这样的动词占 36.88%;手指发出的精细动作、由多个小动作组合而成的复杂动作以及需要往复移动才能完成的动作,花费的时间比较长,动作部位移动的速度也比较慢,这样的赋值结果记作"慢",如"搓、捆、锯"等,这样的动词占 18.44%。有些动作在发出时,力度和速度都是可控的,不要求很高的精细程度,可以往复多次,也可以一次完成,此类动作的数量最多,施力速度记作"不定",比如"夹、磨_脚、扛"等等,这样的动词占 44.68%。(如表 4-11 所示)

表 4-11　外施事动作动词"施力速度"变量的赋值结果

施力速度	快	慢	不定
动词数量	52	26	63

(六) 接触的下位变量的赋值情况

接触类型

施力和接触是描述外施事动作动词的动作内容的两个关键要素。施力是发出动作的必备要素,而接触则不然,有些动作可以只施加力量而不产生接触。无接触语义变量的外施事动作动词包括"指、招、甩_辫子、瞪、眯、扬、抬_头"7个，有接触变量的外施事动作动词共计134个。这里所说的接触，是指包括准工具（即发出动作的身体部位）在内的工具与动作客体之间的接触。在多数情况下，接触的客体是本原客体，其中以受事居多；有时，接触的客体也可能是其他客体，如材料。身体部位与工具之间的接触并不在本研究范围之内。

表4-12 外施事动作动词"接触类型"变量的赋值结果

接触类型	位移接触	终点接触	突破接触	前提接触	静止接触	经由接触
动词数量	85	14	11	10	8	10

工具（含准工具）与客体的接触包括诸多类型。如表4-12所示，位移接触的比例最高，占总数的66.42%，远远高出其他几种类型。可见，在外施事动作动词中，描述动作主体接触动作客体、并使动作客体发生移动的比例是非常高的，使动作客体发生变化可能只是发生移动的间接副作用。

接触频率

接触频率与接触类型有一定的关联，但并不是绝对的。比如，前提接触的频率必然是单次的，这是因为，发出这种类型的动作时，首先要保证工具（包括准工具）和客体的接触，物理接触是施力动作的前提。因此，前提接触的频率必然是单次的，而不可能是多次的。而终点接触则不然。以"摸_{额头}"和"捣"为例，这两个动词的动作过程都是工具（或准工具）先向客体的方向移动，然后以一定的力量接触客体。但是，"摸_{额头}"的接触频率是单次，而"捣"的接触频率可能是单次，也有可能是多次。再如接触类型都是静止接触的动作动词"掐_{脖子}"和"揉_{面团}"，前者的频率为单次，而后者的频率为多次。多次接触并不等同于动作反复发生。要完成一次某个特定的动作，大多数情况下工具（含准工具）只需要接触客体一次，比如"扳"，但是也可能要接触客体多次，比如"埋"，还可能单次或多次不定，比如"扒_{草堆}"。从统计数据也可以看出，在 134 个具有接触语义变量的外施事动作动词中，接触频率为"单次"的占绝大部分，比例高达 76.12%，"多次"以及"单次或多次"的比例则均为 11.94%。不同接触频率对应的动作动词的数量见表 4-13。

表 4-13 外施事动作动词"接触频率"变量的赋值结果

接触频率	单次	多次	单次或多次
动词数量	101	16	16

接触双方

动作造成的物理接触必然包括两方实体，一方是动作部位（可以视为准工具）或工具，这是接触的主体方，接触的客体方情况稍微复杂一些，可能是受事、分事、材料、处所和成事之中的任一个。在包含接触变量的动作动词中，大部分动作都是由人的某个身体部位（主要为手）接触客体方，比例为 78.36%；有些动作只能依靠工具完成，比例为 20.15%；可以兼用动作部位或工具来接触客体的比例仅为 12.69%。具体数量见表 4-14。

表 4-14 外施事动作动词"接触双方—接触主体"变量的赋值结果

接触主体方	动作部位	工具	动作部位或工具
动词数量	105	27	17

在包含接触变量的动作动词中，客体方以受事为主，比例为 82.09%；接触客体方为材料的动词也占有一定的比例，为 12.69%。接触客体方为处所、分事和成事的比例非常低，分别为 2.99%、2.99%、2.24%。具体数量见表 4-15。

表4-15 外施事动作动词"接触双方—接触客体"变量的赋值结果

接触客体方	受事	材料	处所	分事	成事
动词数量	110	17	4	4	3

（七）客体位移的下位变量的赋值情况：位置改变、朝向改变和运动状态改变

位置改变

客体的位置改变就是客体沿着一定的路径发生位移，包括两方面，一方面是凸显路径中的某个位置点，包括：（1）凸显起点，指明从何种位置点出发，如"扔"的客体"从手掌中离开"；（2）凸显终点，指明最终到达何种位置点，如"戴"的客体"从原来位置到身上的特定部位（头上、胸前、手上、脖子上等）"；（3）凸显起点和终点，如"倒"的客体位移是"从容器内到容器外"。另一方面是凸显路径中的某 段，包括：（1）凸显路径的前段，如"剃"的客体移动是"从附着物上脱离下来"；（2）凸显路径的后段，如"粘"的客体移动是"位移到附着物上"；（3）凸显整段路径，如"挖"的客体移动路径为"从里边到外边"；（4）凸显范围，指出客体移动的可能范围，如"招"的客体是"在一定范围内上下移动"。比较特殊的是外施事动作动词"指"，因为其施力主体与客体并没有发生物理接触，因此，将其客体的位置改变视为"从认知背景到认知前景"。

朝向改变

客体发生朝向改变的情况包括：（1）由原来方向朝向施事，如"拉、牵"；（2）旋转或倾斜，如"翻、扳"；（3）倾覆或翻倒，如"碰、倒"。

运动状态改变

客体的运动状态发生改变的情况包括：（1）由静止到运动，如"牵、推"；（2）由运动到静止，如"咬、撑₂"；（3）固定或附着在某处，如

"夹、压"。

（八）客体变化的下位变量的赋值情况：存现变化、形状变化等

充实状态变化

"填、装、塞"都表示由空到充满的过程，但是"填"的变化是"由凹陷变满"，"装"表示一般的"充满"，而"塞"表示"被过分填满，被过分充实"。

存现变化

"剪、挖"都表示其他客体由不存在到出现的变化，但是前者的结果是"形成新的发型"，后者的结果是"出现凹陷的洞、坑、通道等"。

分布状态变化

"捆、拌、搓"都表示本原客体的分布状态发生了变化，但"捆"表示"由分散到集中"，"拌"表示"由各自独立到混合"，而"搓"则表示"多股线绳聚合成一股"。

开合变化

"睁、瞪"都表示眼睑部位的开合变化，但前者表示眼睑"由合拢变为张开"，后者表示眼睑"张开的角度变大"，动作的起始状态不同。

可能性变化

"锁、捆"都表示本原客体失去了发出动作的可能性，但前者表示客体"不能打开，不能离开容器"，后者表示"不能自由移动或行动"。

离合变化

"掐_花、筛、削"都表示本原客体离开了整体，但是"掐_花"表示"从整体上分离，截断"，"筛"表示"颗粒大的与颗粒小的分开"，而"削"表示"表层或一小部分从整体上分离"。

生命力变化

"掐_{脖子}、刺"都可能导致本原客体（指人时）"失去生命力"，但"掐_{脖子}"

还可能导致人"失去行动能力，昏厥"，"刺"则可能导致人"产生创口，受伤"。

声光变化

"吹、打、敲、拍"都可以使客体"发出声响"，但是"吹"还可以表示使客体的"光亮消失"，如"吹蜡烛"。

体感变化

"压、拍"都表示本原客体的身体感到了外界的触动，但前者感受到的力度显然更大一些，是"感到压力"，后者则是"感到触动"。

外观变化

"磨_脚、磨_刀"都表示客体被摩擦而发生变化，但前者表示"变薄，失去纹理，破损"，而后者表示"变锋利，变光滑，形成纹理"。

形状变化

"捣、绷、捏_{泥人}"都表示动作造成客体的形状发生变化，但"捣"的赋值结果是"变细碎"，"绷"的结果是"变直，变长，面积变大"，而"捏_{泥人}"表示"变成特别的形状"。

隐现变化

"包、盖"都表示动作使本原客体"由显露到隐藏（或部分隐藏）"，但"盖"还可以表示"闭合"的结果。

姿态变化

"扶_{老人}、撑_船"都可以表示动作使人的身体姿态发生了变化，但前者是"由躺下或倒下到坐起或站立"，后者是"由卧姿到坐姿"。

第四节　自施事动作动词的语义变量赋值情况

自施事动作动词的数量远远少于外施事动作动词，本节将对其概念语义内容进行梳理和统计，探讨这类动词在语义信息分布上的特点。

一、语义变量统计情况

（一）一级语义变量

同外施事动作动词一样，自施事动作动词概念语义变量系统的一级语义变量不存在缺省的情况，因此不再进行统计，全部记作100%。

（二）二级语义变量

我们按照动作事件发生的时间顺序来依次统计二级语义变量的情况，结果如表4-16所示：

表4-16　自施事动作动词二级、三级语义变量统计情况的出现频率

二级变量名称	出现频率	三级变量名称	出现频率
焦点实体	100%	焦点实体性质	100%
		焦点实体特征	10.53%
		意图	100%
		情态	100%
自移	100%	方式（姿态）	100%
		方向	100%
		速度	100%
		频率	100%
位移	100%	位置改变	59.09%
		朝向改变	10.53%
		运动状态改变	68.42%
变化	57.89%	体感变化	57.89%

在这19个自施事动作动词中，共包含二级语义变量4种，其中，焦点实体、自移和位移的分布频率均为100%，变化变量的分布频率为57.89%。

尽管方式身体动作动词的样本数量仅有 19 个，但是上文中的比例也说明了一定的问题。在第二章和第三章中，我们认为，自施事动作动词的概念语义框架与外施事动作动词不同，表示的是人的认知框架中的焦点主体以某种特定方式发生位移或变化；就动作内容而言，则体现为动作主体的"自移"或"自变"，其动作影响也包括位移和变化两个方面。因此，在这 19 个自施事动作动词中，具有"焦点实体"变量和"位移"变量的动词比例当然是 100%。鉴于本文的研究对象为表示人的身体动作的动作动词，其动作内容自然限定为"自移"（而非"自变"）①，具有这一语义变量的比例也是 100%。至于表示动作影响的"变化"语义变量，则算是"位移"变量的副产品，因为动作主体人以特定方式发出动作、从而导致位移之后，也有可能对自身产生一定的影响，通常为体感变化，如感到劳累、出汗、受伤等，这里的比例为 50%。

（三）三级语义变量

我们按照动作事件发生的时间顺序来依次统计二级语义变量的情况。在这 19 个自施事动作动词中，共包含三级语义变量 14 个，具体统计结果如下：

焦点实体所包含的语义变量

焦点实体的"性质"变量的分布频率为 100%，全部为人，少量也可为动物，极少数可为无生物体。焦点实体的"特征"变量为 10.53%，这是由于焦点实体的性质非常明确，全部指人，因此仅有两个方式动词具有一定限制条件，是"摔_倒"和"挤_{进去}"。所有的动作都要依赖一定的身体部位发出，发出时都要伴随着一定的情态，因此，自施事动作动词的"动作部位"和"情态"变量的分布频率均为 100%。

---

①在汉语方式类身体动作动词的概念语义变量系统中，"自变"变量是不存在的。换言之，即不存在"变化+方式"的身体动作动词。但是在汉语的其他类动词中，"变化+方式"类动词是存在的，如"融、熄"等。

自移所包含的语义变量

方式、方向、速度、频率这四个语义变量是考察动作主体自移情况的基本维度，出现频率为100%。

位移所包含的语义变量

同外施事动作动词一样，自施事动作动词的"位移"变量也包括三个下位变量：（1）位置改变，具有这一变量的动作动词有13个，占59.09%，如"翻_墙、走、攀"等；（2）朝向改变，有2个，占10.53%，是"翻_身、摔_倒"；（3）运动状态改变，有13个，占68.42%，如"走、靠、抖"等。

变化所包含的语义变量

如前文所述，这里的"变化"变量仅包括"体感变化"一个下级语义变量，具有这一变量的动作动词有11个，占57.89%，如"摔_倒、骑、跪"等。

二、赋值结果统计情况

（一）焦点实体的下位变量的赋值情况：性质、特征、动作部位和情态

焦点实体的性质

自施事动作动词的焦点实体的"性质"变量的赋值结果包括：（1）性质为人，这样的自施事动作动词有19个，如"挤_{进去}、摔_倒、趴"等；（2）性质为人的特定身体部位，有3个，是"翻_身、抖、摇"；（3）性质可为动物，有15个，如"蹲、攀、爬"等；（4）性质可为无生物体，有3个，是"翻_身、抖、摇"。

具有"特征"变量的自施事动作动词只有2个，即"摔_倒"和"挤_{进去}"，前者的赋值结果为"站立或处于平衡状态"，后者的赋值结果为"处于狭小的空间"。

"动作部位"变量的赋值结果为：（1）动作部位为整个身体的自施事动

作动词有 9 个，如"摔_倒、站、越"等；（2）动作部位为手的动词有 2 个，是"摇、抖"；（3）动作部位为"手脚、四肢"的有 2 个，是"爬、攀"；（4）动作部位为"腿和脚"的有 5 个，是"走、登、跳、跨、跑"；（5）动作部位为"臀部"的有 3 个，是"坐、骑、蹲"；（6）动作部位为不特指的身体部位的动词有 2 个，是"抖、摇"；（7）动作部位为"膝盖"的动词仅 1 个，是"跪"。

"情态"变量的赋值结果比较多样，包括：（1）动作情态为"费力地"，如"挤_进来、攀"等；（2）动作情态为"放松地"，如"躺、趴"等；（3）动作情态为"持续地"，如"走、跑"等；（4）动作情态为"有感情地"，如"跳、跪"等；（5）动作情态为"有节奏地"，如"跑、跳"等；（6）动作情态为"突然地"，如"摔_倒"；（7）动作情态为"有目的地"，如"翻_身、摇"等；（8）动作情态为"有原因地"，如"抖"。

"意图"变量的赋值结果比较简单，包括：（1）动作意图为"使水平移动"，如"走、跑、挤"；（2）动作意图为"使固定不动"，如"坐、站、躺"；（3）动作意图为"使向高处移动"，如"跳、攀、登"；（4）动作意图为"使身体重心降低"，如"蹲、坐"；（5）动作意图为"使身体重心升高"，如"站"；（6）动作意图为"使身体呈抛物线移动"，如"跳"。

（二）自移的下位变量的赋值情况：方式（姿态）、方向、频率和速度

自施事动作动词多数是描述动态的身体活动，少数既可以描述动态的活动，也可以描述静态的身体状态。本研究认为，前者表示自移的方式，如"跳"的动作方式为"腿上用力，两只脚同时离地"、"蹲"的动作方式为"膝关节弯曲，身体向下，臀部不接触坐具"；后者表示自移的姿态，也是动作完成的最终身体姿势，如"坐"的姿态是"臀部接触坐具或可支撑的东西，身体放松"、"躺"的姿态为"身体放平，贴着卧具"。

自移的"方向"变量的赋值结果包括：（1）向下，如"跪、摔、坐"等；（2）向上，如"登、跳、攀"等；（3）向前，如"走、跑、攀"等；（4）垂直于物体的表面的方向，如"躺、靠、蹲"等；（5）来回，如"摇、抖"。此外还有"挤_{出去}"的动作方向为"以身体为中心向外"、"翻_身"的动作方向为"沿着旋转的方向"等。

自移"速度"变量的赋值结果包括：（1）快，包含这一语义变量的自施事动作动词有"摔_倒、翻_墙、抖"等；（2）慢，有"走、挤_{进来}、攀"；（3）不定，有"坐、站、靠"等。

自移"频率"的赋值结果包括：（1）单次，包含这一语义变量的自施事动作动词有14个，占63.64%，如"坐、摔_倒、躺"等；（2）多次，这样的动词有7个，占31.82%，如"走、攀、摇"等；（3）单次或多次，这样的动词仅有1个，是"跳"。

（三）焦点实体位移的下位变量的赋值情况：位置改变、朝向改变和运动状态改变

位置改变

自施事动作动词的焦点实体发生位置改变的情况包括两方面：一是强调焦点实体所在位置点的改变，如"挤_{进来}"表示焦点实体"离开狭小的空间；固定在狭小的空间"、"攀"表示"由原来的位置上升到新的位置"；二是强调焦点实体所经过的路径，如"抖"表示"在极小范围内移动"、"越"表示"在障碍上方通过"。

朝向改变

具有"朝向改变"变量的自施事动作动词只有两个，即"摔_倒"和"翻_身"。"摔_倒"表示焦点实体受动作影响"上下倾覆"，"翻_身"表示焦点实体的朝向"由原来方向到相反方向"。

运动状态改变

这一语义变量的赋值结果只有两种可能：（1）由静止到运动，如"走、跑、抖"等；（2）由运动到静止，如"坐、站、躺"等。

（四）焦点实体变化的下位变量的赋值情况：体感变化

"体感变化"变量的赋值结果包括：（1）感到劳累，如"站、爬"等；（2）流汗，如"走、跑"等；（3）受伤，如"摔_倒、挤_{进来}"等；（4）感到疼痛、酸麻等，如"跪、蹲"等；（5）红肿，如"跪、摔_倒"。

小结：

本章对汉语动作动词词汇语义的研究主观性较强，以概念语义内容为研究对象，只考虑词汇概念意义，不考虑动作动词可能在语言表层形式所体现出的句法语义，研究材料相对单纯。当前词汇语义研究的前沿趋势是基于多层面语义知识和复杂数理统计的应用型研究，本研究基于对语料库的数据统计和人的母语直觉，以概括和描写单纯的词汇意义为目标，归纳和统计动作动词语义变量的赋值情况是为了了解汉语动作动词语义内容的内涵特点，为词典的编纂提供参考。

第五章

汉语身体动作动词的词化模式研究

　　词化，又称词汇化，研究的是"概念表征式和句法之间联系的程度以及这种联系性如何被形式化"（劳蕾尔·J. 布林顿，伊丽莎白·克洛斯·特劳戈特，2013；罗耀华等译），即语言的语义内容与词汇层面上的语言表层形式的对应问题。Brinton 和 Traugott（2005：19 - 22）提出，该术语（指lexicalization）实际上包含历时和共时两种现象。蒋绍愚（2007）建议，历时平面的词汇研究叫作"词汇化"研究，共时平面上的叫作"词化"研究。本研究将沿袭这一术语规定。所谓的"词化"，就是指概念范畴进入语义结构、最终编码成词汇形式的过程，是认知语义学和语言类型学的重要研究对象。共时词化研究始于西方语言学界，哈沃夫和莱文（Hovav, M. & B. Levin., 1998、2005）、戈林姆肖（Grimshaw, J., 2005）、曹逢甫（Tsao, Feng - Fu., 1996）、崔和包尔曼（Choi & Bowerman, 1991）、艾姆（Im, 2001）、斯洛宾（Slobin, 2004）等人对此都有精辟的论述。泰尔米（1975，1985，1991，2000，2010）从物理空间的位移事件出发，三十余年来一直致力于从认知的角度探讨概念整合成表层语言形式的过程及类型。他的理论启发人们从物理主义的视角来重新审视动词（主要是位移动词）的语义内容，在语言学界引起了强烈的反响。

本章将首先简要梳理汉语学界围绕位移事件词化理论①所获得的研究成果，然后探讨目前汉语学界研究该理论时存在的问题和拟定的解决方法，最后根据外施事动作动词和自施事动作动词的概念语义框架及内容，提取影响动作动词词义的关键语义要素，探讨汉语动作动词的词化模式。

第一节　位移事件词化理论在汉语学界的研究成果

泰尔米的位移事件词化理论思想早在其 1972 年的博士论文中初见端倪，在此后的二十余年中逐渐丰富、成形。2000 年他出版了《走向认知语义学》一书，系统地阐述了他对语言意义的看法，改变了长期以来意义研究中的简化主义倾向，以词根和词素为出发点，描绘了语言结构与概念结构的象似关系。他对位移概念合并上升为表层词汇的过程及类型的研究在汉语学界引起了空前的反响，葛林（2003）、沈家煊（2003，2004）、王寅（2007）、束定芳（2008）、程琪龙（2009）等人曾专门著文介绍他的理论思想，本节将首先整理概述理论要义，然后介绍汉语学界结合该理论探讨汉语动词②词化情况的相关研究。

---

①史文磊（2011）认为，位移事件词化理论实际上包括两个部分，其一是词化模式及过程理论，其二是词化类型理论。鉴于本研究的目的在于分析汉语动作动词的语义内容，文中的"位移事件词化理论"指的是前者，即探讨位移事件的概念要素上升为表层词形式的过程和规律的理论。后者词化类型理论只在涉及的时候进行简要的介绍。
②位移动词词化理论作为西方舶来的外来理论，其术语"位移动词"在汉语动词分类体系中并没有直接的对应词类，目前汉语学界所研究的"位移动词"实则是"动作动词"。

一、泰尔米的位移事件词化理论和语言类型观

泰尔米认为，确认语言意义为与表层形式建立关联要经过三个步骤：首先是词化①，然后是重建语义上的"零形式"，最后是转译。所谓位移动词词化理论，概括地说，就是以位移事件为研究范围，探讨位移动词是如何实现语言意义和语言表层形式之间的系统性关联的，在此基础上再进行跨语言的类型学考察。

泰尔米首先以英语为例，描述了位移宏事件中的语义要素词化为表层位移动词的过程。他认为，人类天生就具有概念分割的思维方式。位移宏事件可以看作框架事件和副事件的各个概念要素经过整合，被重新概念化，进而形成一个表层凝缩的单一事件的结果。在位移框架事件的四要素（焦点实体、位移、路径和背景）中，他对路径概念非常重视，认为路径是位移宏事件的核心图式。核心图式可能由句子中的主要动词来表达，也可能由附加语成分来表达。概念要素与句法形式的对应关系决定了该语言的词化类型。

以西班牙语为例：

La	botella	salió	de	la cueva	flotando.
The	bottle	moved-out	from	the cave	floating.
瓶子		出了		岩洞	漂。

西班牙语位移动词 salió 整合了位移概念"运动状态"和路径中的矢量概念"向外"，而位移方式副事件则由独立词"flotando"来表示。其词化方式如图 5-1 所示：

---

① 语义上升为语表形式的过程，即语表形式表征语义内容的过程，有多种命名方式：词化（lexicalization，McCawley1968）、合并（incorporation，Gruber1965）、归并（conflation，泰尔米 1972）。尽管术语不甚统一，但是研究的最终落脚点都是词汇，因此本研究采用"词化"这一术语。

[焦点实体 位移 路径 背景]位移主事件 ← 支持关系 [事件]副事件

运动状态
静止状态

先导关系
使能关系
原因关系
方式关系
伴随关系
继发关系
…………

动词词根

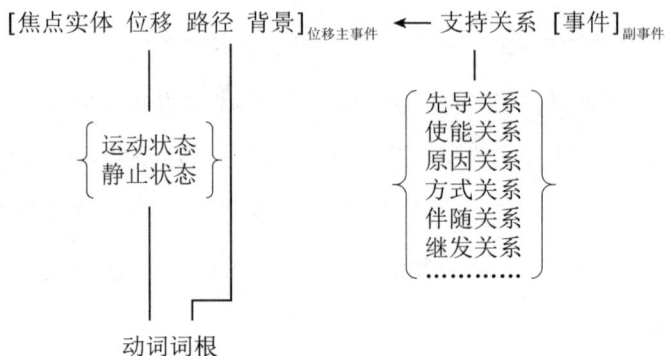

图 5-1　西班牙语位移动词词化过程

也就是说，在西班牙语中，核心图式由句法上的主要动词来表示，核心动词的概念合并方式为"位移+路径"。泰尔米将这类语言命名为"V 型语"。经考察，罗曼语、闪语、波利尼西亚语、日语、韩语、内兹佩尔塞语、喀多语也都属于"V 型语"。

英语则与西班牙语不同，例如：

I　kick　the keg　into　the storeroom.

我　踢　小桶　进　储藏室。

[小桶位移进了储藏室] 原因是 [（我）踢]

英语中的核心动词 kick 整合了位移概念"运动状态"、副事件概念"踢"和支持关系"原因"，而路径概念则由句子中的方向性小品词"into"来表示。其词化方式如图 5-2 所示。

也就是说，在英语中，核心图式由句法上的附加语成分来表示，核心动词的概念合并方式为"位移+副事件及其支持关系"。泰尔米将这类语言命名为"S 型语"。经考察，印欧语（除罗曼语以外）和汉语都属于"S 型语"。

世界上的大多数语言都可以归入"V 型语"和"S 型语"的分类中，位移事件句主要动词的概念合并方式要么是"位移+路径"，要么是"位移+副

[焦点实体 位移 路径 背景]_{位移主事件} ⟵ 支持关系 [事件]_{副事件}

{ 运动状态
  静止状态 }

{ 先导关系
  使能关系
  原因关系
  方式关系
  伴随关系
  继发关系
  ············ }

动词词根

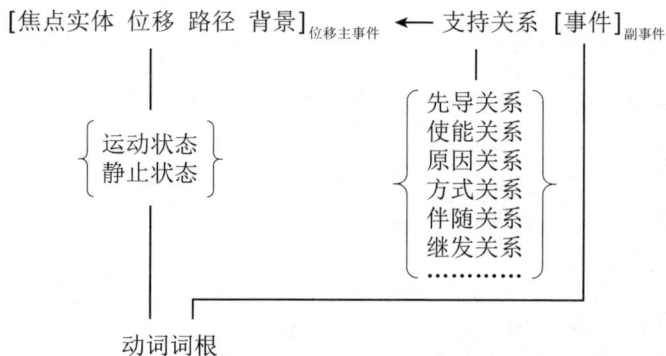

图 5-2 英语位移动词词化过程

事件及其支持关系"。只有极少数语言中的动词（或某语言中的极个别动词）的词化模式出现例外，比如阿楚格维语中主要动词的词化模式为"位移+焦点实体"，汉语中"（春雨）雨人"中的"雨"的词化模式为"位移+焦点实体"，英语中"emplane（上飞机）"和"deplane（下飞机）"的词化模式为"位移+背景"，英语动词"shelve"的意思是"使……位移到书架上"，词化模式为"位移+路径+背景"。这些个别的例子数量极少，不在本书的研究目的之中，因此不再详述。

二、汉语学界词化模式的相关研究①

最早结合泰尔米的运动事件词化理论进行汉语研究的是严辰松（1998）。他积极地肯定了该理论，对比了英语和汉语中运动事件的词汇化模式，认为汉语位移动词的词化模式同英语一样包括如下三种：

---

①近年来，汉语学界在古代汉语位移动词的词化模式的研究方面取得了很多成果，如崔达送（2005）、黄锦章（2008）、朱丽艳（2010）、涂家胜（2010）、朱习文（2012）等，史文磊（2011）均对古汉语位移动词的词化情况进行了研究。鉴于古汉语位移动词不在本研究范围之内，因此不再提及，仅介绍有关现代汉语位移动词的词化研究情况。

（1）处所+方式：立、竖、挂、靠、倚、躺、浮、悬

（2）移动+方式：

非施动性：滑、滚、溜、跳、弹、漂

施动性：滚、拍、挤、拧

自动性：跑、跳、冲、奔

（3）移动+原因：

非施动性：推、拉、吹

施动性：推、拉、扔、摔、扛、踢、吹、弹、砍、锯、敲

　　尽管严文在引用泰尔米的理论时并没有谈及其他类型的词化模式，一些例子也有待商榷（如他认为"拍、挤、拧"的词化模式为"移动+方式"），但这篇文章引发了众学者对该理论的兴趣，此后涌现了多篇从微观角度探讨某类动词词化方式和过程的研究文章。实际上，在严辰松（1998）发表这篇文章之前，已有国外学者提出动词的词化模式并非如泰尔米所说的那么单一。比如韩语运动动词的词化模式是混合型（Choi 和 Bowerman，1991；Im，2001），意大利语（泰尔米认为是 V 型语）中有的动词同时糅合了方式和终点背景（Alonger，1994）；法语中运动动词词化模式无法用现有的模式概括，法语通过词缀化可以派生出［运动+动体］［运动+背景］［运动+方式+路径］［运动+路径+动体］和［运动+路径+背景］等模式的动词。即使是在英语中也有反例，动词 butter（涂黄油）的词化模式为［运动+主体+路径］，dust（掸灰）的词化模式则为［运动+路径+致使］，从名词派生而来的动词 paper（贴纸）、paint（涂色）、water（浇水）等都有类似的词化模式。此后，严辰松（2004）详细地介绍了运动事件词化理论，并概括了英汉语义合并模式的共同点和差异，用诸多示例证明英语词化模式不止于"运动+方式"和"运动+原因"两种。

　　王文斌（2004）认为词化是指"原属于横组合关系的词语自由配列成为

一个固化的词汇单位，或者将不同的语义成分整合在一起形成一个固化的词汇单位，在句法上具有单独词位的功能"。他以泰尔米的位移事件词化理论为背景，采用语义成分分析法，对英语和汉语中"看"类动词的语义成分进行描述，探讨其不同的词化偏爱和合并模式。最后得出结论：英语"看"类动词音节结构简单，语义晦暗不明；而汉语衍生了双音节复合结构，语义透明度更高。他的分析细致入微，抓住了英语和汉语中"看"类动词的精确差别，但研究范围仅限于"看"类动词，难以推及其他类动词。

罗思明等人（2007）对当代词汇化研究进行了总结概括。他首先归纳了关于"lexicalization（词汇化）"的6种不同观点和5层含义，主张词汇化研究应当采用多元化视角，同时兼顾语言内外相关要素，从不同角度综合考察。他认为当代词汇化研究主要有两种理论框架：基于生成语法的词汇化理论和基于"功能—类型"的词汇化理论，后者更符合语言事实，更具解释力。在研究方法上，当代词汇化研究主要采用语义成分分析法，主张词义组合论。研究主题广泛，包括词汇化类型、词汇化程度、词汇化等级、词汇化制约因素、词汇化模式与相关问题、词汇化与语法化的关系、词汇化语义—句法接口理论，共七个方面。罗思明对"词汇化"的总结涵盖了与之相关的各类研究，虽然他也就其中的某些理论、方法提出了自己的看法，但是总体上这篇文章的目的在于全面介绍，而非述评。

在另一篇文章中，罗思明（2007）采用语义成分分析法和词化理论，从微观入手，对比了英语和汉语中"缓步"类动词概念意义的不同语义成分以及各自的词化模式。他认为，英语和汉语"缓步"类动词的词化模式都应该归结为"动作+方式（原因）+X"，比如"pace（踱步）"的词化模式是"动作+方式+原因+方向+处所"，"徘徊"的词化模式是"动作+方式+目的+情态"等。罗关注外围语义成分，其研究对象取自同属语义场的子成员，探讨的是近义词的语义差异，即X的内容。这样的研究对于区分语义的细微差别是有效的，但是他混淆了构成事件的概念要素和动词词化过程融合的概念要素，没有区分语义系统的层级，因此，研究结果还有待于进一步商榷。

李雪（2008）从翻译的角度探讨了英汉语中移动动词词化模式的差别。她没有明确指出英语和汉语中究竟有多少种类型的词化模式，但是大致从"运动+方式、运动+原因、运动+路径、运动+主体"等几个方面进行了对比。她认为，英语倾向于用单个词形表示复合概念，而汉语则倾向于使用分析型的表达方式，借助于状语、补语进行表达，这说明汉语移动动词的词汇化形式没有英语丰富。因此，在英汉翻译中，译者往往需要添加大量的状语，译文也就不如原文精练。

吕艳辉（2008）根据手部动作动词含有的动作步骤的数量，将其分为简单动作手部动词和复合动作手部动词，他把手部动词的语义模式总结为"工具+方式+方向+作用力点+动作+对象+事件+结果"。这种模式充分考虑了影响手部动作动词的诸多确定性因素（如方向）和不确定性因素（如工具），具有一定的合理性，但是其研究材料取自词典释义，所提炼的模式归根结底是一种释义模式，而非语义模式。

田臻（2009）在其博士论文中提到了动词对事件元素的包容，以数个汉语动词为例探讨了动词意义对行为主体之类别和数量的包容情况。在他的研究中，动词意义的包容包括"行为主体类别+发出部位"（如"啄"）、"行为主体类别+目的"（如"化装"）、"行为路径"（如"顾盼"）、"工具+行为客体"（如"裁"）、"行为客体+路径终点+客体构型"（如"穿"）、"行为结构"（如"创造"）、"行为发出部位+运动方式"（如"搓"）等等。他认为，观察视角不同，导致汉语动词意义中包容的事件元素不同，其差别最终将表现在句法结构上。

马云霞（2009）指出泰尔米概括的动词（词根）词化模式显然是粗线条的。她列举了几种少数民族语言中的动词词化模式，指出"运动+方式+主

体"是民族语言中比较普遍的词化模式。她认为动词内含有多个语义成分是
语言中常见的现象。她很赞同罗思明（2007）将动词词化模式修正为"动
作+方式（原因）+X"的观点，方式或原因只是动词的基本核心语义，许多
动词包含其他标志个性的语义成分。她认为，在泰尔米的研究中，表层形式
表达语义范畴存在一个优先序列：动词词根—卫星成分—屈折形式，不同的
表层形式能够表达的语义范畴（包括语法意义范畴）是有区别的。她同时也
指出了泰尔米研究中的不足：首先是没有区分语义范畴的不同层次，而是将
所有的范畴放在相同的地位上。其次是有些语义范畴是否用特定的表层表达
形式还没有研究清楚，卫星成分是否能够表示数量还不清楚。再则有些语义
范畴的归纳过于简单化，示例不够充分等。

　　史文磊（2011）指出，泰尔米认为汉语主要动词的词化模式是"运动+
方式"的这一观点是值得商榷的。第一，除了动补式之外，现代汉语还可以
单用路径动词来编码运动事件，那么，在单用时的词化模式当为"运动+路
径"。第二，在某些事件表达结构中，路径信息的归属不好确定。比如"跑
屋里"这一运动事件中，路径信息如何分析，有两种方案：一是采用词汇并
入（Gruber，1976）的原则，认为路径并入了前面的核心动词，即"运动+
方式跑+路径到"；二是采用"句位义原则"（柯理思，2009），认为现代汉
语中出现在补语位置的处所词，其语义角色的默认值是"终点"，将"至、
到"等路径标记归入构式义。这些处理方式都是泰尔米的词化模式理论中没
有谈到的。第三，汉语动补结构中，有些核心动词的词化模式明显不属于
"运动+方式"。如"掉了进去"中的主要动词"掉"不仅融合了方式信
息，同时也融合了路径信息，类似的还有"落、坠"等。运动动词"蹲"也
是一个特例，其本义指身体由站立到弯曲的下移运动，但是动词本身不表示
位移，只有与路径动词或处所词结合时，整个结构才具有位移的意思。对于
"蹲"而言，其词化方式既不是"运动+方式"，也不是"运动+路径"。因为

无论是路径还是方式，都是进入构式之后产生的临时性语义要素。

张苗苗等人（2013）从英汉对比和翻译的角度探讨了"吃"类动词的词化程度，首先归纳了西方语言学界对"词化"的观点，然后对英汉语中两组关于"吃"的动词所包含的概念内容进行对比分析，得出结论：英语的词化程度整体上要高于汉语；汉语采用双音节偏正关系动词表达复杂概念时，对应的英语则需借助分析型表达法；英语中以动词为中心的偏正关系可采用"动词＋状语"或"状语＋动词"的结构，或直接用已经词化的单个词表示，而汉语只能用分析型表达法。

吴建伟（2015）对比了英语和汉语中方式位移动词的概念合并的情况，认为汉语的方式位移动词在语义精细度上远不如英语方式位移动词。后者可以将途径、情态、工具等"精微语义"同时合并到一个表示位移的动词上，而汉语则不能。他据此认为英语在方式位移动词上词库大，词化程度高。他的研究与罗思明（2007）的结果恰恰相反，其原因在于二人的研究材料不同，吴建伟选取了中英文对照的表达位移宏事件的句群为对比语料，而罗思明则直接选取了"跑"类语义场下的中英文词汇作为对比项。二人的研究孰是孰非还有待验证。

第二节　现有研究中尚存的问题

位移是人类基于运动和身体经验的普遍认知概念，尽管在不同语言中的表征方式不同，表达的凸显度不同，但是终究有规律可循。这种规律是靠我们观察和内省不同母语者描述位移事件时组织和编码语义成分的过程和方式而得来的，是一种高度凝练的抽象规律，对汉语动作动词的语义分析具有一定的解释力，上文中各位学者的研究成果也证明了这一点。那么，这是否就意味着位移事件词化理论已经完美地解释了汉语中概念内容与词汇形式的对接过程呢？答案显然是否定的。接下来本节将就目前研究成果中仍然存在的一些问题进行讨论。

一、宏观角度：语言和认知是否同构

泰尔米的位移事件词化理论从认知语义学的视角出发，探讨了有关位移事件的概念结构与语言结构的互动情况，其理论前提是概念结构与语义结构同构，理由是：人类的感觉—运动能力、思维能力、语言能力三者都是基于同一个认知机制的，这个认知机制就是概念系统。这与认知语言学派所秉承的"语言结构和认知结构同构观"（Jackendoff，1983；Langacker，1999；Lakoff和 Johonson，1999；Croft 和 Cruse2004）是一脉相承的。在泰尔米（Talmy，2000b：147-148）看来，认知语言学的研究者们终生致力研究的目标就是寻找语言系统构建概念内容的各种模式，如果单就词汇层面而言，就是探讨词汇化的各种模式和类型。同其他认知语言学家一样，泰尔米坚信"可以通过语言结构组织模式来研究概念系统的组织结构"（王馥芳，2014）。然而，这种"语言和认知同一性"的观念在近年来不断受到质疑。

反对者首先质疑的是人类的多种能力是否依赖于同一个概念系统。吉布斯（Gibbs，2000）曾指出："很多认知科学家现在认为人类行为的复杂性要求我们用不同类型的表征来处理多样化的认知经验。因此，人们的多种能力，从感知和运动控制到语言和解决问题，可能不全是依赖同一个表征基础（特征性表征、结构表征、心理模型和意象—图式表征）。"（Gibbs，2000；转引自王馥芳，2014）。一些心理学试验也侧面印证了有些思维方式可以离开语言而存在。比如在有关形象思维的心理实验中，受试者可以通过旋转、浏览、移向或移离等手段在大脑中处理一些图像，而不需要借助语言（程丽霞，2004）。在吉布斯等心理学家看来，人类行为如此复杂，认知经验如此丰富，目前的研究尚不能找到对应不同认知经验的全部概念组织方式，更不必说找到与之相对应的语言结构模式了。

其次，有人对"概念结构与语义结构同构"的观点表示质疑。程琪龙（1997）曾举"half-dead（半死不活）"为例说明应当区分概念层面和语义层面。他认为，"half-dead（半死不活）"表达的概念是"人尚未失去生命，正在走向死亡"，然而从语义层面来看，其表达的却是"已然死亡"的状态。在程琪龙（2009）看来，这正是概念与语义并非一一对应的例证之一。他还从小句层面出发探讨了语义结构和概念框架之间的差别。程琪龙（2011）认为："概念框架是概念语义的，语义结构则是语法语义的……语义结构无法同时照顾到概念语义和语法结构。"这里的"无法同时照顾"有两层含义：一是指概念框架上升为语言表层形式的过程是动态的，语义结构不能准确预测和激活最终生成的小句形式；二是认知操作的内容和过程是复杂多样的，既包括神经元指挥肌肉和感官做出反应的操作过程，也包括概念理解和感知—运动系统进行交互反应的过程，还包括提问、应答、推理等思维过程，仅依靠语义结构显然不能同时诠释全部概念内容。因此，概念层面和语义层面有交叉之处，但确为两个层面。

再次，批评者们还提出，"概念结构和语义结构同构观"的理论前提会导致语言研究中忽视"言外之意"的重要性。平克（Pinker，1994）的批评比较极端，他直言道："把思维等同于语言这一想法是被称为传统愚见的一个例子。'我们想说什么'和'我们说了什么'之间必须有所区别。"他明确指出认知语义学把概念和语义对等的研究观念完全排除了语言实际使用中的隐含意义，忽略了语用学的存在。莱文（Levin，1997）补充道："……语用学的意义在于为我们不说我们想说的或者意欲说的提供了存在的空间……除了概念与语义相呼应的内容，语言中还有没有说出口的内容。"

总体来看，提出质疑和批评的学者多是从根本上反对"语言结构与认知结构同构观"，来自心理学家的反对呼声尤其强烈。桑德拉的批评尤为激进，他认为，在语言结构如何在心理中得到表征这个课题上，语言学家没有研究贡献，也毫无发言权。语言学家就应该"在语言学框架内解决这些事情，不必把心理现实性强加于这些概念"（Sandra，1998；转引自王馥芳，2014）。这种批评当然有些极端，但其合理之处在于：作为语言学家，应尽量避免在研究过程中不自觉地把思维等同于语言，不要在没有实验依据的前提下假定语言结构与概念表征有直接关系，在概念和语义是否同一的问题上，也有待于进一步研究和挖掘。

二、微观角度：发端于英语的语言理论是否符合汉语实际？

泰尔米的位移事件词化理论最初的研究材料来源于英语，之后他与其追随者将目光投向了世界上的其他语言，通过对 40 余种语言的对比分析，最终确定了"根据核心图式是否由动词来表达"这一划分语言类型的标准。这不仅对于语言类型研究具有重要影响，也重新启发了人们对于动词语义构成的思考。尽管大多数学者同意汉语同英语一样，同属附加语构架语言，但是，汉语动词的词化模式显然与英语存在一定的差别。这就引发了我们对这一舶来理论的适切性的思考。我们认为，位移事件词化理论未能合理地解释以下现象：

第一，微观角度下单个动词不同义项的概念合并方式不同。

泰尔米曾指出："区分是整合进入动词的是方式还是致使的关键在于：动词的基本语义指向位移的主体还是施事（或工具）。指向施事或工具的，就是原因位移动词；指向位移的主体的，就是方式位移动词。"（泰尔米，2000b：29）例如，在句子"孩子在滚铁环"中，"滚"的语义指向为"铁环"，因此，"滚"的词化模式是"位移+方式"；在句子"他高举着红旗"中，"举"的语义指向为"他"，因此，"举"的词化模式是"位移+原因"。这种区分方式乍看上去清晰明了，然而具体到特定动词下的各个义项的情况时，还是有一些特殊情况发生。

以"摔"为例，"摔"在《现代汉语词典》（第7版）中第一个义项是"（身体）失去平衡而倒下"。毫无疑问，这是方式位移动词，动词语义指向发生位移的主体——"身体"。第二个义项是"摔"的本义——"用力扔在地上"，动作动词"摔"是导致受事物体发生位移（甚至破损）的原因，语义指向发出除动作的施事主体，当属原因位移动词。有的词典还收录了一个义项"（使）从高处掉下"，"摔"指向发生位移的主体，又成了方式位移动词。那么，"摔"的概念合并模式到底是"位移+方式"还是"位移+原因"呢？

泰尔米也曾多次以"roll"（滚）为例来解释"位移+方式"的概念合并模式。在《牛津高阶英汉双解词典》（第8版）中，"roll"的基本义（即第一个义项）是"（cause sth to）move on wheels or rollers or by turning（over and over）（使某物）滚动"。例如：

The ball *rolled* down the hill.　　　　球滚下了山。

"roll"的语义指向发生位移的主体"球"，这是一个方式位移动词。

然而，在第五个义项"flatten（sth）with a roller，用碾子压平（某物）"下，情况发生了变化。例如：

Mom *rolled* out the dough.　　　　妈妈（用擀面杖）擀开面团。

这个例子中的动词"roll"指向工具（擀面杖等），按照泰尔米根据语义指向来区分动词的概念合成方式的话，"roll"在这里似乎又变成了原因位移动词。如果再深究起来，我们不禁产生这样的疑问，表示该义项的"roll"能算作位移动词吗？因为，它仅仅表示通过工具的位移使受事发生状态变化，而非使受事发生位移。可是，"roll"也可以通过补足路径成分来表示位移，例如：

Mom *rolled* out the dough down to the floor.　妈妈把面团擀到地板上了。

可见，即使是对于同一个位移动词，在不同的义项下，其概念合并方式也存在争议。泰尔米本人更注重动词的概念合并方式对语言类型划分的影响，仅大致提出了区别原因位移动词和方式位移动词的方法，至于两类动词在英语（以及其他语言）中的分布情况并没有进行细致研究，也没有具体到单个动词对不同义项的概念合并方式进行逐一考察。

第二，位移概念并未完全合并进入位移动词。

在泰尔米对位移动词概念合并过程的研究中，有一个基本的前提，那就是位移概念是与其他概念（如方式、原因、前提、结果、后续等）合并在一起的。位移作为人类认知世界过程中获取的最基本概念，已然根深蒂固地包含在了表示位移或者具有位移倾向的动词语义之中，且与动词中的其他概念要素紧密地结合在一起。位移动词的概念构成一开始就是构成性（泰尔米，2000b：35）的。

持构式语法理论观点的阿斯克（Aske，1989）和哥德伯格（Goldberg，1995）则不同意上述观点。在他们看来，所谓的位移动词本质上来说就是语义单纯的动词，所表达的概念就是该词的基本含义，而不是各种概念意义的复合体。在他们看来，"推"就是人发出"推"的动作，"滚"就是物体做轴心旋转运动，之所以获得"位移"的附加意义，完全是动词所处的构式（或句式）赋予的额外结果。他们甚至对"位移动词"这一术语的提法产生了质疑。

在位移概念是否包含在位移动词之内的问题上，无论是泰尔米（2000）的"概念合并观"，还是阿斯克（Aske，1989）和哥德伯格（Goldberg，1995）的"构式赋予观"，都有一定的合理之处。我们同意位移概念是人类认知的基本概念之一，但是对于位移动词范畴的界定产生了怀疑。

先看原因位移动词。这类词表示事物在某种外力的作用下发生位移。泰尔米认为"The napkin sneezed off the table（纸巾被（一个喷嚏）喷到了桌子下面）"应该被识解为"The napkin went out because somebody sneezed.（纸巾到了桌子下面是因为有人（打喷嚏）喷）"。再如在"箱子推出去了"这一具体位移事件中，动体"箱子"发生位移的原因是"推"。如果不考虑句子中的路径附加语"off"和"出去"，单就"sneeze"（喷）和"推"而言，动体发生位移只是动作动词可能造成的数个结果之一，绝不是其已然合并入内的概念要素。可见，无论是在英语还是汉语中，表示"位移+原因"的动词都是身体动作动词。

另外还有表示运动主体以特定的方式发生位移的方式位移动词，情况有些复杂。李雪（2015）对英语中方式位移动词范畴的定位问题进行了深入的研究。她发现，英语中的方式位移动词范畴构成一个等级性链条，可以分为不同的类型。有些类型的动词，如 run（跑）类动词，表达的是移动发生的内在方式或常规方式，是典型的方式位移动词；有些类型的动词，如 whistle（吹口哨）、dance（跳舞）、stomp（跺脚），本身表达的只是动作，但是在和路径短语连用后却可以获得移动意义，这是由 way-构式（路径构式）对动词的压制作用而产生的意义，动词本身不是方式位移动词，而是动作动词；还有一类词，如 scream（尖叫），其不具有移动意义，只表示动作方式，是纯粹的动作动词，可能由于语言使用的创新性，进入移动构式，从而获得临时的移动意义。也就是说，泰尔米所认为的方式位移动词是一个复杂的范畴，既有"走、跑、滚、翻"等单纯表示位移的核心成分，也有靠构式压制来表示位移的边缘成分。

第三，汉语、英语中的方式位移动词范畴并不一致。

从汉语和英语的比较情况来看。汉语和英语虽然同属"S 型语"，位移动词的词化模式一致，但是汉语中方式位移动词的类型远远不如英语丰富，或者汉语对应的词不能用于表达位移事件结构。比如，英语中表示不同运动方式的 hop（单腿跳）、hip（扭着臀部跳）等词，表示移动时带声响的词，如 whistle（吹口哨）、roar（吼叫）、rumble（轰隆隆地响）、rattle（咯吱咯吱地响）、thunder（打雷）、whiz（发出呼啸声）、whoosh（一边快速移动，一边发出风的呼啸声）等，表示以某种态度或心情移动的词，如 stomp（因为生气而重重踏步）、stamp（带着很大的响声用力踏）、storm（因为生气或不高兴而快速通过）等，这些词都要用连动结构或状中结构来表达，在汉语中没有独立词形对应。莱文（Levin，1993）曾从语义分类角度出发，对英语动词进行了穷尽式的列举，吴建伟（2015）对同类动词的研究也大致印证了汉语中方式位移动词的数量和类型要远远低于英语这一事实。可见，即使语言类型相同，位移动词范畴也不是跨语言的存在。在汉语中，方式位移动词的数量要远远少于英语，诸如"跑、奔、逃、冲"等表示整体位移事件的动词，实际上都是身体动作动词。

而且，汉语中还有一类特殊的身体动作动词是英语所不具备的，如弓（腰）、伸（手）、点（头）等，其施事是人，受事是所属身体部位。这类动作的特点发出动作的主体（指人），并未发生整体位置的变化，但是焦点实体（指身体部位）同周围背景相参照发生了位移。储诚志（2004）认为这种类型的行为当属自含位移，不是典型的位移事件。对此本研究不能认同。本人认为，身体部位名词是位移事件中的特殊要素，在不同情况下可以分别充当分裂主体、第二客体和准工具。储以身体部位从属于整个人体为理由，认定身体部位发出的动作不属于位移事件是不能成立的。本研究认为这类分裂主体（即身体部位）同时充当本原客体的动作动词，不但在具体语境中构成了位移事件，而且属于"位移+原因"的词化模式。

另外，储诚志还认为表示保持或改变姿势的行为（如站、躺、蹲）也属于自含位移。本研究认为，保持或改变姿态的身体动作动词，其实质都是对自身整体的位移，其词化模式当为"位移+方式"。

总体而言，在宏观层面上，英语和汉语位移动词的词化模式是相同的，主要为"位移+原因/方式"。这已经是诸多学者的共识。但正如上文所述，在微观层面的位移动词个案上，英语和汉语位移动词的词化模式呈现出一些细微的差别，这是泰尔米及其追随者还未能完全解释的。作为一种舶来理论，位移事件词化模式理论显然还需要磨合与完善，以适应现代汉语身体动作动词的实际情况。

第三节　汉语动作动词的词化模式：
位移 | 变化+原因方式等+X

词化的过程是词的概念语义成分动态地整合成词的演变过程，要受到词本身所处概念域的多层网络和认知前景的凸显规则的制约。兰盖克认为："概念化的过程可以理解为一个搭积木的过程：选择不同的积木，有次序地分布搭建在一起，形成一个整体。选择的积木不同或者搭建的顺序不同，最后的整体外观自然不同"（Langacker R. W.，2001；转引自李福印，2008：348）。概念形成的方式是不同的，也是有规律的。研究汉语身体动作动词的词化模式，就是探讨跟身体动作相关的概念语义成分上升为表层词汇形式的词化模式。

在前文中，本研究曾简要地介绍了泰尔米（Talmy，2000a，b）的位移事件词化理论，他以英语为研究对象，提出位移动词的词化模式为"位移+原因（或方式）"。汉语中没有完全对应于"位移动词"的词类。但是不少学者探讨了汉语动词的词化模式。其中，罗思明（2007）提出汉语动词的词化模式为"动作+方式（或原因）+X"，这一观点得到了学界诸多研究者（董银燕，2008；蔡基刚，2008；李雪、白谢红，2009；谢浩琴，2009 等）

的赞同。本研究赞同将"位移"概念的范围扩大至"动作"。这是因为，在任何一种语言的语义范畴中，"位移"显然不足以概括全部动词语义范畴的本质。但是，"动作"概念又不够准确。这是因为，"位移"范畴是从焦点实体的物理空间变化这一视角来命名的，而"动作"范畴则是从发出动作的主体的身体行为这一视角来命名的。用"动作"概念代替"位移"概念，是将焦点实体和动作主体混为一体，将被致使者和致使者混为一体，背离了泰尔米区分"原因"和"方式"两种不同编码手段的初衷。

本研究将汉语单音节动作动词的词化模式概括为"位移 | 变化+原因方式等+X"，将"位移"和"变化"视为词化模式的共性成分，并结合汉语身体动作动词的具体情况加以分解、细化；将"原因、方式"等支持关系的副事件视为类型区分成分，同时将 X 视为词化模式的个性成分，而非有些学者所认为的"边缘性语义成分"（孙成娇，2015）。下文将就此一一详述。

一、共性成分：位移和变化

位移和变化是人类共有的思维概念，是共性的抽象语义范畴。位移和变化与相关的语义参数进行概念合并，凝结成表达层面不同的词汇形式。这就是动作动词的词化过程。在语义层面上，位移和变化是构成动作动词概念语义的核心成分；从宏事件的时间序列角度来看，位移和变化是动作行为对本原客体造成的直接影响。"位移"和"变化"之间的关系是"与"和"或"，即在某一动词所参与的宏事件中，该动词所编码的动作行为可能使得焦点实体发生位移，也可能发生变化，也可能同时发生位移和变化。

（一）核心语义要素的判定标准

我们认为，判断一个动作动词的核心语义要素是位移还是变化需要同时满足两个条件：第一，承受动作的对象必须是本原客体，如"削"，词典释义为"给水果等去掉表面"，因此，本原客体为"（水果等）原本完整的物体",而完整物体的"表面"是第二客体,动作"削"使本原客体"原本完整的物体"失去了表面,形状发生了变化,因此核心语义要素为"变化"。

第二,考察动作对本原客体造成的直接影响,而非后续影响。比如动作动词"披"的词典释义为"覆盖或搭在肩背上",本原客体为"上衣、披肩、围巾等片状织物",在句子"他把围巾故意披歪了"中,动词"披"的直接影响是"(使围巾)位移(到肩背上)",这一动作的间接影响是变化(围巾歪了),因此,动作动词"披"的核心语义要素是"位移"。

以上两条标准适用于原因动作动词。方式动作动词的概念语义框架中并不存在本原客体这一语义参数,因此,只要考虑动作的直接影响是位移还是变化即可。比如"孩子跑乏了"中,动词"跑"造成了两个结果,一是"孩子"的位移,二是"孩子"的体感变化"乏"。其中,位移是直接影响,而体感变化则是"跑(位移+速度快)"的结果,是间接影响。在确定"跑"的核心语义要素时,我们选择"位移"。

(二)典型的"位移"动作动词

说到以位移为语义核心的动词,最典型的当属伴随位移理论一同传入的"位移动词",这也是目前中外学者论及词化理论时分析最深入、研究对象最广泛的一类动词。然而,在崔和包尔曼(Choi S. 和 M. Bowerman,1991)、莱文(Levin,1993)、泰尔米(2000a,b)、哈沃夫和莱文(Hovav M. 和 B. Levin,2005)等人的研究中,"位移动词"是一个相当宽泛的概念。

对位移动词的研究缘起于表示路径要素的方向性小品词(如 into、out 等)。如果采用深层语义为标准,那么凡是可以造成焦点实体在一定范围内位置变动的动词都被视为位移动词;如果采用句法形式为标准,那么凡是可以在后边接上表示方向的小品词的动词都是位移动词。这就将位移动词的范围扩展至所有可以参与位移宏事件的动作动词上。

然而在汉语中,汉语动作动词既可以后接趋向补语来表示位移,也可以后接结果补语表示变化，趋向补语又有具象和抽象之分，因此，仅仅根据句法形式无从判断哪个动作动词是位移动词。况且，在已有的汉语动词分类体系中并无"位移动词"一说，汉语学界的研究者（罗思明，2007；张宗洁，2010；佟福奇，2013）在对比英语和汉语中位移动词的词化模式时，多把"位移动词"对应于"走行类"语义场动作动词。这二者实际上是不对等的两个词类。

在方式动作动词中，最典型的"位移"类动作动词当属"走行"语义场动词，如"走、跑、爬"等。在原因动作动词中，以"位移"为核心语义要素的动词很多，如"推拉类"语义场动词（如"推、拉、拽"等）、"腾挪类"动词（如"抬、搬、挪"）和"举托类"动词（如"举、捧、托"等）等。这些动作动词在施力的方向方面略有不同，如"推、拉、拽"等动词的施力方向多为水平方向，"举、捧、托"等动词的施力方向则为垂直方向，而"抬、搬、挪"等的施力方向既包括水平方向，也包括垂直方向。尽管施力方向不同，但是动作对本原客体产生的影响都是水平或垂直方向的位移。表示自含运动的动作动词，如"抖床单、摇尾巴、滚瓶子"等，虽然表示振幅类、圆周类运动，没有发生明显的距离变化，但也在一定幅度和范围内改变了运动方向和位置，因此，其核心语义要素也是"位移"。

（三）典型的"变化"动作动词

在五种类型的宏事件中，只有状态变化事件和实现事件中的动态因子"激活过程"表达变化概念。二者与位移事件的深层语义结构是一致的，都是位移事件的隐喻扩展（泰尔米，2000b：237），都表示焦点实体通过转换（包括变化和不变两方面）达到最终的结果或目的（贾红霞、李福印，2015）。在汉语动作动词所参与的状态变化事件和实现事件中，框架事件表述的最终结果或目的多体现为焦点实体发生在空间轴和时间轴上的状态变化，包括存现变化（从无到有、从有到无）、物理变化（如声光变化、形状变化、隐现变化等）、体感变化（如感到疼痛）等。这种结果或目的可能实现或违背施事主体的意图、目的，也可能与施事主体的意图、目的完全无关，单纯表示动作造成的变动，如"眨眼睛、瞪眼睛"等。

典型的"变化"类动作动词都是原因动作动词，如"摩擦类"语义场动词（如"擦、蹭、搓"等）、"清洁类"动词（如"洗、冲"等）、"分割类"动词（如"剁、砍、切"）等，动作的结果都是本原客体的形状、外观等发生了变化，如变光滑、变干净、由整体变零散等。

（四）兼具"位移"和"变化"的动作动词

运动事件中的运动与静止、状态变化事件中的变化与不变、实现事件中的实现与确认，都对应着宏事件结构中激活过程的两种可能——变化与不变（贾红霞、李红印，2015）。如前文所言，一部分汉语动作动词的核心语义倾向是非常清晰的，要么表示位移，要么表示变化，是典型的"位移"动作动词或"变化"动作动词。比如，表示身体处于动态位移中的方式动作动词（如"跑、跳、越"等）和"搬运""丢弃""安置"等语义场下的原因动作动词（如"搬、抬、挪""扔、抛、甩""塞、插、镶"等）都是典型的"位移"动作动词。

然而，还有一部分动词的核心语义是复杂的，兼具位移和变化两种要素。这类动作动词通常在句法上既可以后接趋向补语，也可以后接结果补语；既可能表示本原客体在力的作用下发生了位移，也可能表示焦点实体发生了变化。也就是说，该类动作动词出现在位移宏事件和变化宏事件中的概率是均等的。当然，在单个简单句中，该类动作动词的核心语义只能是"位移"和"变化"中的一个，不能同时表示"位移"和"变化"。也就是说，在这类动词构成的宏事件中，本原客体可能发生位移或变化，但是位移和变化之间并不存在因果关系。方式动作动词"坐、蹲、靠"等，表示保持静态位置不变、身体姿态发生改变，是兼具"位移"和"变化"的动作动词。原因动作动词中兼具"位移"和"变化"的动词更多，下面以"压"为例来说明。

动作动词"压"的词典释义为"对物体施压力（多指从上向下）"，本原客体比较广泛，一般为器物或人的身体等，第二客体是材料或动作部位。我们检索了BBC口语语料库中"压"后接全部趋向补语、处所补语和结果补语、状态补语的类型和分布情况，并对检索结果进行了筛选，条件为：第一，只考察主语是人的施事句；第二，宾语是本原客体而非其他客体；第三，补语的语义指向宾语而非主语；第四，趋向补语只表示具体的位置移动，不表示抽象意义。最后结果见表5-1：

表5-1 动词"压"后接后接补语的类型和数量情况表

表示变化的补语	数量（次）	表示位移的补语	数量（次）
~得……	1162	~住	2118
~倒	260	~在	2716
~坏	460	~到	370
~破	120	~着	1491
~碎	822	~上｜下	344｜468
~紧	653	~来｜去	37｜24
~实	126	~进	53
~平	363	~倒	127
~扁	892	~上来｜上去	7｜32
~疼	77	~过来｜过去	24｜3
~痛	36	~进去｜进来	2｜0
~牢	19	~回来｜回去	0｜2
~出	104	~出来｜出去	42｜0
压+得｜不+倒、坏……	732｜4	压+得｜不+住、着……	2｜314
总计	5830	总计	8176

从表5-1中可以看出：

动作动词"压"既可以后接表示变化的补语，如"压倒、压平、压实、压碎"等，也可以后接表示位移（运动）的补语，如"压住、压到、压着"，此外还可以后接表示静止位置的处所宾语，如"压在……"。从数量上来看，语义倾向于变化的"压"略少于语义倾向于位移的"压"。而且，在"压+表示变化的补语"组合中，表示不变的动补短语在分布上要远远少于表示变化的动补短语，仅仅检索出4例，占总数的6.8%；在"压+表示位移的补语（含处所宾语）"组合中，表示静止的组合远远高于表示位移的组合，前者为6695个，后者仅有1571个。可见，动作动词"压"是兼具"位移"和"变化"的动作动词，其核心语义为"位移兼变化"，在位移事件和变化事件中的激活过程不同，在位移事件中激活过程体现为"不变"，即静止；在变化事件中激活过程为"转变"，即变化。

还需要说明的一点是，处于同一语义场、语义相似的两个动作动词未必具有相同的语义核心，试比较"咬"和"吃"，前者为变化动词（如"咬断"），后者则为位移兼变化动词（试比较"吃下去"和"吃光"）。

二、别类成分：以"原因"关系和"方式"关系为主的副事件

副事件在泰尔米（2000）的原著中是"co-event"，前缀"co-"在英语中含有"共同的、联合的"意思，因此，副事件也被译为"并发事件、协同事件"（史文磊，2011；李红霞，2015；李福印，2017）。在宏事件的概念结构中，副事件所表达的信息与框架事件同样重要。副事件可能是框架事件的条件、前提、原因、结果、方式、并发、后续等，起到支撑框架事件的作用。这些不同类型的副事件也被叫作"某种支持关系副事件"，如"原因副事件、方式副事件"等。在研究位移动词的词化模式时，早期的一些研究者（严辰松，1998；王文斌，2004；罗思明，2007）直接用支持关系的名称来代称

副事件及其支持关系，如"原因动词、方式动词""……+原因""……+方式"等。经考察，在汉语中，副事件及其支持关系编码为句子中的主要动词，一般由动作动词充当。在诸多类型的支持关系中，原因关系和方式关系最为常见。也就是说，位移动词常常表示造成本原客体发生位移的原因或方式。汉语动作动词的核心语义包括位移和变化，可以说，汉语的动作动词主要表示造成本原客体发生位移和变化的原因和方式。

（一）副事件的支持关系是多样的

位移、变化是人脑中的共性概念，而原因和方式并不是，人在理解和使用语言的过程中，并不会有意识地去考虑所使用的动词与所造成的影响之间的关系，而是直接将影响与动作动词放在一个句子中表述出来。泰尔米认为西班牙语等动词框架语中路径概念被整合进入主要动词，而在英语、汉语等卫星语中，副事件及其支持关系被整合进入主要动词。也就是说，前提、先发、原因、方式等支持关系仅仅是为了区分语言类型而人为设定的语义要素，是人脑对框架事件和副事件等具体概念之间的关系进行逻辑分析的结果。因此，本研究将这些抽象的支持关系叫作类型区分成分。

在以往的研究中，研究者常常以汉语动补结构为研究对象，通过分析句法核心动词与各种类型的补语之间的语义关系来推导框架事件和副事件之间的支持关系。这样得出的结论未免失之于简单。事实上，副事件的支持关系是多种多样的，包括：

1. 先发关系

指副事件发生在主事件之前，但是并不会导致或辅助主事件发生。即使副事件没有发生，主事件也依然进行。例如：

Glass *splintered* onto the carpet.

杯子（先）裂成碎片（然后）掉到了地毯上。

2. 前提关系

指副事件直接发生在主事件之前，是某个导致位移（或变化）的事件发生的前提，但是副事件本身并不导致位移或变化。例如：

小锋妈从柜子顶上**够**下来一个玻璃瓶。

动作动词"够"表示"达到、及"，"够着玻璃瓶"是使玻璃瓶下来的前提。

3. 原因关系

指副事件是导致框架事件发生的直接原因，副事件的发生使得焦点实体发生位移或变化。根据框架事件和副事件发生的先后顺序可以分为先后使成和同时使成。

先后使成指副事件发生在主事件之前，是主事件发生的原因。例如：

①卷帘大将**摔**碎了王母娘娘的琉璃盘子。

动作动词"摔"表示"用力扔"，是使琉璃盘子"碎"的原因。"卷帘大将摔琉璃盘子"发生在"琉璃盘子碎"之前。

同时使成指致使关系中主、副事件同时发生，副事件引发了位移（或变化）。例如：

②他用力**挤**出长长的一条牙膏。

动作动词"挤"表示"用压力使排出"，是牙膏"出"的原因。"他用力挤"和"牙膏出"同时发生。

4. 方式关系

指副事件与框架事件同时发生，副事件被概念化为框架事件的施事主体所展示的附加行为，这个附加行为直接附属于框架事件，但又有别于框架事件。例如：

①刘翔**跨**过一道道栏杆。

动作动词"跨"表示"抬腿向前或向旁移动越过"，是自施事主体"刘翔"位移通过"一道道栏杆"的方式。

再如：

②工人首先把铅块**化**成铅水。

动作动词"化"表示"加热使融化"，是焦点实体"铅块"变成"铅水"的方式。

5. 伴随关系

伴随关系类似于方式关系，在方式关系宏事件中，副事件与框架事件同时发生，副事件是框架事件的施事主体额外发出的动作。而在伴随关系中，施事主体所发出的动作本身并不从属于同时并发的位移事件或变化事件，伴随关系副事件能且仅能编码为施事主体自身发出的动作。例如：

①她把刺绣元素**穿**上国际的 T 台。

框架事件是"刺绣元素位移到了国际的 T 台"，副事件是"她穿"，动作动词"穿"仅仅与施事主体"她"相关，与"刺绣元素"所发生的位移是同时发生的，但并不是位移的方式或原因，仅仅是伴随发生的事件。

再如：

②吕蒙正（爱喝鸡舌汤，）居然**喝**出一座鸡毛山。

框架事件是"一座鸡毛山从无到有"的变化，副事件是"吕蒙正喝"，动作动词"喝"仅表示施事主体"吕蒙正"的动作，这是一个长时间的动作行为，伴随着焦点实体"鸡毛山"发生变化。

副事件对框架之间的支持关系还有并发结果关系和后续关系，前者指副事件是框架事件的结果，没有框架事件就没有副事件。只有框架事件发生或部分地发生时，副事件才能同时发生，例如：The door slammed shut.（门砰地一声关上了，泰尔米 2000b：47）；后者指副事件紧随位移事件其后发生，是位移事件的前提、原因或目的，例如：I will stop down at your office (on my way out of the building).（译为"我（在离开大厦的路上）会到你的办公室坐一会儿"，泰尔米 2000b：49）。这两种类型的支持关系在汉语中暂时没有找到类似例子。

（二）"原因"和"方式"是最普遍的支持关系

如果把"焦点实体、位移、变化、路径、场景、支持关系"等深层语义要素视为一个集合，将"动词、动词的外围成分（如英语中的小品词、汉语中的各种补语）和动词的屈折形式"等语言表层形式视为另一个集合，词化过程就是"这两个集合之间的映射过程"（严辰松，1998）。不同类型语言的动词具有不同的词化模式。就汉语而言，动作动词是表达位移宏事件、变化宏事件以及实现事件的句子的句法重心，其核心语义合并了"位移""变化"以及其他抽象语义要素或特征，其中最重要的一个就是副事件对框架事件的支持关系，如上文提到的前提关系、先发关系、原因关系、方式关系、后续关系、伴随关系等。其中，原因关系和方式关系是最普遍的支持关系。汉语同英语一样，表示位移的动作动词的词化模式可以概括为"位移+原因/方式"，这一点已被诸多研究者（蔡基刚，2008；董银燕，2008；李雪，2009；许余龙，2010；王婷，2011；管博，2011；孙成娇，2015）所证实。对状态变化事件和实现事件中的动词词化模式的研究尽管刚刚起步，但是一些学者也初步论证：现代汉语中，表达状态变化的动词的状态变化意义可由动词或补语表达，表达实现意义的动词多借助体标记"了、着"（贾红霞，2015）或者补语结构（严辰松，2005），状态变化事件和实现事件所发生的"方式或原因"等副事件类似运动事件的同类副事件（任龙波等，2015）。因此，本研究将汉语动作动词的词化模式概括为"位移/变化+原因/方式"。这是一种"语义要素交替组合而成的词化模式"（蒋绍愚，2007）。本研究认为，"融合"要比"组合"更加准确一些。"位移、变化"与"原因、方式"这两组抽象的语义要素相互交融，出现在词的语义构成中，是汉语动词语义要素的核心成分，决定了动作概念在汉语中的语言编码方式。下面我们一一举例来说明。

1. 汉语自施事动作动词

这类动词的核心语义要素中都包含"位移"。位移状态包括运动和静止两种状态，前者如"走、跑、跳"等，后者如"坐、靠、躺"等，又包含了身体姿态的变化。这些动作都描述了焦点实体（即施事主体）人运动或静止的方式。两种动词的词化模式可以简要地表示为：

① ［位移+方式］

走：大明急匆匆地走了过来。

跑：一队士兵向路尽头跑去。

跳：孩子几下就跳过了篱笆。

② ［位移｜变化+方式］

坐：老老实实地坐着，不许动！｜（找到椅子）赶紧一屁股坐了下去。

靠：诗人靠在美人榻上。｜（左挪挪右蹭蹭）终于靠上了墙角。

躺：一个流浪汉躺在长椅上。｜你慢慢躺下。

2. 汉语外施事动作动词

包括典型的以"位移"为核心的动词、典型的以"变化"为核心的动词和以"位移｜变化"为核心的动词。外施事动作动词的数量要远远多于自施事动作动词，在词化模式上也显示出更多的类型，例如：

① ［位移+原因］

扔：我把钥匙用力扔出去。

抬：两人气喘吁吁地抬下来一只大箱子。

甩：他一把甩开帽子。

拨门闩：小偷用一根牙签拨开了门闩。

牵：李掌柜招呼店小二将马牵到马厩，……

② ［变化+原因］

捏_{泥人}：老师傅几下捏出了一个猪八戒。

掰：谁把筷子掰断了？

撕：他没怎么用力就撕开了。

包：爸爸正在给他包书皮儿。

割：农民（挥舞着镰刀）割麦子。

③ ［变化+方式］

开：李大嫂慢腾腾地开了门。

锁：把自行车锁好。

烧：他把菜烧糊了。

融：工人把铅块融成铅水。

熄：房东熄灭了蜡烛。

④ ［位移│变化+原因］

拍_{皮球}：守卫……一掌将头颅拍进了颈脖子里。│一巴掌拍死了蚊子。

压：老枪手压在一个对手身上，……│用刀稍微把土豆压扁

挖：好不容易把包裹挖出来了。│挖出来一个大坑

碰：他轻轻地碰了一下衣角。│他（擦柜子的时候）不小心碰碎了玻璃。

按：几个粗壮的护工按住了病人。│这时，来者按响了门铃。

在汉语动作动词的词化模式中，占据核心地位的是"位移、变化"和"原因、方式"这四个要素。"位移、变化"是物理世界中人施行动作的本质意义在概念世界中的投射，而"原因、方式"则是人的动作从物理世界投射在概念世界、再投射到语言世界的编码形式。以上四个要素交替组合，相互融合而出现在动作动词的语义构成中，是汉语动作动词词化模式的基本成分。另外，从分布情况来看，在汉语中动作事件充当原因副事件的比例要远

远高于充当方式副事件的比例。换言之，汉语动作动词更加侧重"原因"副事件的概念化，对"原因"概念要素的编码更为细致，远远超过了对"方式"要素的编码。

三、个性成分：X

"位移、变化"和"原因、方式"是汉语动作动词语义要素的基本内容，体现了卫星语言中深层语义要素合并成核心动词的共通规律，是汉语"主流的词化模式"（罗思明，2007）。但是这并不代表汉语中所有动作动词的词化模式，更不能完全解释动作动词的意义构成。这是因为，各个动作动词之所以互相区别，要取决于其外围的个性特征项，即我们常说的语义特征。汉语语义学界认为实词的意义结构可以解析为"核心义素+限定义素"（蒋绍愚，1989）、"区别性义素+指称义素"（张联荣，2000）、"义值差+主训词"（王宁，1988、2002）等。就动作动词的词化模式而言，其意义既包括核心成分，也包括个性成分。前者指"位移、变化"等共性成分和"原因、方式等"类型区别成分，后者包括与动作行为相关的"主体、客体、时间、处所、工具、方式、原因、结果等别义成分"（朱彦，2006），也就是因具体动作动词而定的个性成分X。

（一）X 的性质

泰尔米通过分析不同词化模式来区分两种类型的语言的研究。他认为，以西班牙语为代表的"V 型语"的位移动词词化模式为"位移+路径"，而以英语、汉语为代表的"S 型语"的位移动词词化模式则是"位移+原因丨方式"。本研究将汉语中的研究对象由原有的位移动词扩展至单音节动作动词，认为其词化模式为"位移丨变化+原因丨方式+X"。这一词化模式也是对动作动词语义内涵的抽象概括，涵盖了动作动词词汇语义的表层和深层两个层级。"位移丨变化+原因丨方式"是深层语义，概括了"S 型语"

的核心语义要素整合、上升为词汇表层的类型特征；X 是表层语义，是将"S 型语"内部多种语言相区别的个性要素，可以视为词汇语义要素中那些"强制性地表达冗余民族义素在内的全部语义成分"（张家骅、彭玉海，2003：104）。这里所说的"民族义素"，并不是指有别于其他国家、民族的特殊文化概念。实际上，基本语义要素、语义要素的基本组合模式是具有跨文化、跨民族的共通性的，这也是不同国家、民族之间的人们得以沟通交流的前提。所谓"个性成分 X 表达民族义素"包括两方面的含义，一方面是指在人类概念系统的全部基本语义元素集合中，某种特定语言系统所抽取的其中一部分语义元素；另一方面是指该特定语言系统对所抽取的语义元素的组合方式。

（二）X 的数量下限和上限

汉语动作动词构成了一个表示"身体动作"的大语义场。就这一语义场而言，个性成分 X 显示了该语义场内各个成员的语义差异，是各个动作动词词化模式的个性特征项。X 同义素一样，是语义的内部构成，但并不能够直接出现在语言的使用环境中。提取 X 的方法类似于义素分析法，"致力于寻找并描写某个语义场中某个词语或一组词语的核心义及其附加义素"（邵敬敏、周芍，2005）。X 具有以下特点：

第一，个性成分 X 的数量下限是 1。罗思明（2007）提出，X 作为"动词词化模式的个性特征项"，其数量当为"大于或等于零的整数"。本研究同意罗思明（2007）提出的个性特征项是整数的观念，但是在具体数量上，我们认为，个性成分 X 的最低限度不应当是零，而是至少为一。这是因为，从概念整合的过程来看，即使是某个动作动词词汇意义的抽象程度再高，该动词所整合的概念要素除了共性成分"位移、变化"和"原因、方式"之外，至少还包括动作的发出者——"施事"。最典型的例子就是泛义动词"做、搞、弄"等。这类词表示一系列不可精确描述的动作组合，没有明确的词汇意义，其义项之间也没有比较清晰的引申关系，是对动作行为极其抽象概括的表述。其核心语义为"位移兼变化"，而个性成分 X 的赋值结果只有一个，即"施事>人"。

第二，X 的数量上限的限制条件有两个：动词所处的语义场和人所能理解和表达的精细度。现有研究普遍采用义素分析法提取区别性语义成分，将其视为 X。对微观层次的词汇意义的分析是无止境的，因此，理论上个性成分 X 是无法进行穷尽性描述的。但是在提取 X 的实践中，X 的数量多寡跟动词所处的语义场密不可分。总的来说，动词所处的语义场所处的层级越高，或者包含的类义词数量越多，X 的数量就越大，反之则越小。以动作动词"切"和"躺"为例，"切"处于"切割"类语义场，属于该语义场的单音节动作动词还有"刹、砍、劈、剖、削、割、宰、铡"等，因此，$X_切$ 除了包括"工具（刀等锐利的东西）、突破接触、动作影响（物体分开或分成几份）"等与其他动词共有的语义要素外，还包括"工具大小（通常跟手的大小差不多）、施力方向（向下）、施力速度（迅速地）、施力频率（持续地）、动作影响（受事客体由整体变成片状或块状）"等区别，如果继续细化分析，还可以得到更多不同。再来看属于"躺卧"类语义场的动词"躺"，同一语义场下的其他单音节动作动词只有"趴、卧"两个。$X_躺$ 除了包括"动作部位（整个身体，身体一侧）、动作方式（身体放平，贴着卧具）"这些与"趴、卧"相同的语义要素外，还包括"身体最终姿态（腹部朝上或朝一侧）、施力速度（不迅速、缓慢地）"等区别。

X 的数量也跟人类认知理解的精细度和语言表述的精细度有关。对于某个动作事件，人类观察的细致程度和准确程度是有限的；将动作事件概念整合为语言，还要对信息进行提炼，语言表达的精度也是有限的。那么，个性成分 X 自然会受到人类理解和表达的精细度的制约，其数量是有限的，而不是无休无止地扩充。以"拍"为例，"拍"与"触、碰"同属"接触"类语义场。但是，在动作情态方面，"拍"有"表示欣赏或同情"的含义，"触"有"意外地、不小心地"的含义，"碰"有"吸引注意力"的含义。这种区分固然具有一定的合理性，但要结合一定的语境才能理解，因此不是必要的。

四、汉语动作动词词化模式的个案分析——以"播洒"类动词为例

动作动词的词汇意义既包括显示其语言类型的深层的共性成分和别类成分，也包括显示其个性特征的表层的个性成分。就特定语义场的某类动词而言，其深层语义要素的组合方式大多是相同的，比如"击打"类动作动词的基本词化模式为"位移 | 变化 + 原因"，"躺卧"类动作动词为"位移 + 方式"，"挤压"类动作动词为"变化 + 原因"等。在某个语义场类动作动词集合的内部，偶尔也会出现个别动词的词化模式不同于其他动词的情形，比如在"切割"类动作动词中，"切、割、锯"的本原客体是"被分割物体（整体）"，而"削"的本原客体则是"被分割物体的表面"，因此，前三个动词的词化模式为"变化 + 原因"，而"削"的词化模式则是"位移 + 原因"。

个性成分 X 存在于每个动作动词的意义之中，具体取值则取决于该动词的对比参考对象。如果对比对象是同一层级语义场的其他动词，那么 X 的内容就相对精简，所刻画的语义要素在整体语义系统中处于更加细致、精确的层级，数量不多，用语言描摹的难度和精度则增加了。比如"沏"和"泡、冲"相比，三者同属"冲泡"类语义场，"沏"具有"材料 > 开水、特指茶叶""施事意图 > 使浸出"等语义要素，而"泡、冲"则不必须具备这些要素。相反，如果对比对象是处于或高或低的另一层级语义场的其他动词，那么 X 的内容通常比较繁杂，所刻画的语义要素在整体语义系统中处于相对概括的层级，数量较多，但是可以采用"限定词 + 同义词"的方式进行描摹，描述语言的难度和精度反而下降了。比如"敲"和"砸"，前者属于

"接触"类动作动词，后者属于"暴力接触"类动作动词，属于"接触"语义场的下位义场。"敲"与"砸"相比，动作主体、动作客体、工具、施力方向、施力方式、接触类型等多方面都存在细微的差别，然而用语言进行描述时，只需将"砸"解释为"用力地敲"即可。

　　一般来说，在探讨个性成分 X 的内容时，通常是将同一语义场下的一组词进行比对，既考虑其相同的赋值情况，也分析其差异。"任何要素都是由围绕着它的要素决定的。"（索绪尔，1980：161—162）在特定语义场的一组动作动词中，相同的语义要素体现了该组词的共同语义内容，也可能是与其他语义场动词相区别的语义内容；某个动词与其他动词所不同的个性特征项，也可能是与其他语义场动词所共有的语义内容。一般来说，我们更加关注同一语义场内多个动作动词的个性特征项，即语义差别，并将其视为个性成分。在本研究中，我们认为要在全体动作动词中考察个性成分 X，就某语义场内的全部动词而言，其语义共性和语义差异都属于个性成分 X 的范围。下面以"播洒"类动作动词为例，探讨汉语动作动词的词化模式。（见表 5-2）

表5-2 "播洒"类动作动词语义参数赋值情况对比

动作角色				撒	播	浇	淋	洒	泼	撩(水)
动作主体	施事	性质	人	√	√	√	√	√	√	√
	动作部位		手	√	√	√	√	√	√	√
	意图		使分散	√	√			√		
			使分享	√						
			使变湿			√	√	√	√	√
			使均匀分布	√	√	√	√	√		
			使到达特定位置		√	√	√			
			使离开原有位置	√	√	√	√	√	√	
			使形成特定图样	√						
			使熄灭			√				
	情态		丢弃	√						
			有目的地	√	√	√	√	√	√	√
			小心地		√		√		√	
工具	性质		容器	√	√	√	√	√	√	√
			大型机械	√	√	√		√	√	
必要性			可有可无	√	√	√		√	√	√

162

续表

				撒	播	浇	淋	洒	泼	撩水
动作角色	本原客体·受事	生命度	有生（特指种子）	√	√					√
			无生（多为液体，如水）	√		√	√	√	√	√
	本原客体·受事	物质相态	固体 颗粒状	√	√					
			固体 粉末状	√						
			固体 片状	√	√					
			液体 水等纯液体			√	√	√	√	√
			液体 固液混合物			√				
	其他客体·特指		种子		√	√①				
动作内容	施力·力度		用力地	√	√	√	√	√		√
			不定					√	√	
			轻轻地	√		√	√	√		√

① 动作动词“浇”的本原客体是“水”，但在检索过程中，我们还发现了多个含有“浇地”“浇菜园”“浇农田”的例句，合计出现频率仅次于“浇水”。本研究认为，表示处所的“地”“菜园”“农田”是动作动词“浇”的其他客体。

续表

类别	分类	特征	撩	泼	洒	淋	浇	播	撒
动作内容	方向	以身体为中心向内向外		√	√				√
		自上而下			√	√	√	√	√
		自下而上	√						
	速度	快速地		√					
		不定			√	√	√	√	√
	频率	单次	√	√					
		单次或多次			√	√	√	√	√
	接触类型	前提接触	√	√	√	√	√	√	√
	接触频率	单次	√	√					
		单次或多次			√	√	√	√	√
	接触双方	手与受事	√	√	√	√			
		工具与受事					√	√	√
动作影响	本原客体位置改变	离开原来位置	√	√	√	√	√	√	√
	本原客体外观变化	形成特定图样			√		√		√

从表5-2来看，"播洒"语义场下共包括"撒、播、浇、淋、洒、泼、撩_水"7个单音节动作动词，都含有"使受事客体从原有容器内部分散到外部"的含义。这些动作基本上都是由手来完成的，不一定要借助于工具。受事客体（如水、种子等）原本处于某种容器中，因为手实施了某种动作，从容器内部位移到了容器外部。至于受事客体是以翻转、飞跃、平移还是其他等方式离开原来位置（容器内部）的，这种方式信息并没有体现在这些动作动词的概念语义中，因此，我们认为，这几个词都是原因动作动词，而非方式动作动词。

就动作造成的影响来看，以上7个动作动词的动作结果都是"受事客体位置改变"，路径为"从容器内部到容器外部"，因为全部含有"位移"信息。"撒、播、浇"还具有使本原客体产生"外观变化"的影响，可以使受事客体形成特定的图样或形状，比如"撒成心形、撒成圆形、把种子播成长条、均匀地播成行、用奶油或果酱浇成'圣诞快乐'的字样、用水浇成冰道"等。在语料库中，我们没有检索到"淋、洒、泼、撩_水"具有这样的用法。因此本研究认为，"撒、播、浇"的词化模式为［位移｜变化+原因+X］，而"淋、洒、泼、撩_水"的词化模式为［位移+原因+X］。

个性成分X显示了"播洒"类动作动词的具体差异。在动作主体方面，这7个动作动词的区别主要体现在意图的赋值结果上。首先，人在发出这类动作时，动作意图都是"使分散"，使受事客体从原有位置（通常是容器内）位移到另一个位置，但"浇"还强调了位移路径的终点，体现在句法上，即"浇"可以后接处所宾语，如"浇菜园、浇地"。第二，"撒、播、浇"还有"使形成特定图样"的意图，这是与其他4个动作动词所不同的。第三，由于本原客体的性质不同，"浇、淋、洒、泼、撩_水"还具有"使变湿"的意图。第四，"撒、播、洒"含有"使均匀分布"的意图，如"撒匀、按一定间距播种、洒遍"等，其他几个动词并不强调每次动作中受事客体的数量、受事客体能够覆盖的面积等因素，不强调"均匀地分散"。第五，尽管"浇、淋、洒、泼、撩水"的本原客体都是受事"水"，但是只有"浇"和"泼"有"使熄灭"的意图。第六，"撒"和"泼"还含有"丢弃"的意图，"撒"还含有"分享"的意图，这是其他动词不具备的。在动作伴随的情态方面，这7个动作动词都是"有目的地"，相比之下，"播"和"淋"的动作要更加精细一些，要求人小心翼翼地完成，因此还具有"小心地"的情态。

在工具方面，除了"撩水"是直接用手完成、无需工具的动作，其他动词所表示的动作都不一定要借助工具才能完成。如果要借助于工具，"浇、淋、洒、泼"一般需要使用容器类工具，"撒、播、浇、洒"一般需要使用机械类工具。

在客体方面，"浇"的本原客体是受事"水等液体"，其他客体是"处所"，如"浇菜园、浇地"等。其他动词都只具备本原客体，是受事，没有其他客体。本原客体的性质按照物质形态来分，"撒、播"的本原客体为"固体"，"浇、淋、洒、泼、撩水"的本原客体为液体，"浇"的本原客体还可以是"固液混合物"。此外，"播"的本原客体特指"种子"。

在动作内容方面，首先来看施力方面的力度变量的赋值情况。"泼"是强施力动作，施力力度为"用力地"，"撒"和"撩水"为弱施力动作，施力力度为"轻轻地"，其他动词的力度均为"不定"。在施力方向变量方面，只有"撩水"的方向是"自下而上"的，"泼"的方向是"以身体为中心向外"，其他几个动词的施力方向都是"自上而下"的。施力方向为"以身体为中心向外"的还有"撒"和"洒"。在施力速度方面，"撒、泼、撩水"的动作过程显然更加迅速、利落，因此，速度变量的赋值结果是"快速地"，其余的"播、浇、淋、洒"速度可快可慢，因此记作"不定"。在施力频率方面，除了"泼"是发力一次就可以完成的动作动词，其他动词既可能一次完成，也可能多次完成，所以施力频率的赋值结果为"单次或多次"。

"洒播"类动作动词的接触变量的赋值情况比较简单。本原客体分散地位移到其他位置的前提是手或工具接触到受事，因此，接触类型均为"前提接触"。接触频率与施力频率一致，即除了"泼"为"单次"接触以外，其他动词都是"单次或多次"接触。接触双方无外乎"手与受事"和"工具与受事"两种，只有"撩$_水$"强调是用手接触水，不借助于工具，其他动词的接触双方兼具以上两种可能。

动作影响变量的赋值结果与词化模式直接相关，在此不再赘述。

小结：

概念层经由语义层上升为形式化的语言表层的过程，是一个很难用语言进行描述的过程。人类通过与世界的互动和感知所形成的一系列概念，在语言表层可能体现为语素、词汇、短语、句子等不同的单位。与其他语言形式单位相比，词汇的语义内容相对凝练、完整、单纯，因此，词化模式和词化过程一直是语言学家的研究重点所在。本研究认为，在汉语中，跟身体动作相关的概念语义成分上升为表层词汇形式的词化模式为"位移｜变化+原因｜方式+X"，是语义共性成分、别类成分和个性成分的共同加和。这一词化模式既与同类型的英语、法语等相同，是主事件的激活过程与副事件的支持关系的概念整合结果，又具有与英语、法语相区别的特性，主要表现为参与概念整合的语义变量及其组合方式略有不同。

第六章

汉语学习词典中身体动作动词的释义研究

　　词语的意义是一个复杂的语言特征集合，除了基本的概念意义之外，还包括形态意义、语法意义、功用意义及联想意义、情感意义和社会文化意义等。这是人类认知的复杂性和语言表达的多维性共同造成的结果。具体说来，人类在认识外界事物时，既有客观的映象，又夹杂了主观的意识；当人类借助于话语进行表述和理解时，既受制于交谈双方的认知思维水平，又受制于所处的语言环境或非语言环境。因此，词典应当采用语言的多重意义表征形式进行多维释义，而且，词语的意义越复杂，词典的释义所体现的维度就应当越多。汉语单音节动作动词是表达身体与外部世界互动概念的基础词汇，概念结构清晰，语法意义与搭配关系相对简单，附带的文化意义、情感意义等相比其他名词、形容词等实词类要少得多。在前几章中，本研究从信息解码和编码的角度探讨了汉语单音节动作动词的概念整合类型和特征，重点分析了各个语义变量及其赋值在不同动词中的组合和匹配情况。本章将以三部典型的汉语学习词典——《现代汉语学习词典》（以下简称"《现汉学习》"）、《HSK 中国汉语水平考试词汇大纲汉语 8000 词词典》（以下简称"《8000 词》"）和《商务馆学汉语词典》（以下简称"《商务馆》"）中的 160 个动作动词的释义和例证为研究材料，将释义所表述的语义特征与动作动词所整合的概念变量相对照，探讨以上三部词典对动作动词进行释义的得失，对个别不合适的释义提出修改建议，提出动作动词释义的最佳方案，以期促进词典释义更加精确、完善，更有效地"触发心理词库的语义网络节点，最大限度地发挥汉语学习者的认知潜能，大大提高其汉语学习的效能"（章宜华、雍和明，2007：230）。

菲尔默（Fillmore，2003）曾指出，确定认知框架的特征，"首先要对框架所表达的情形有一个大体的、非正式的描述"。就动作动词而言，就要了解认知主体对活动事件的认知框架。这是一个确定概念要素和结构的过程，在一定程度上要"求助于语感、参考各种词典，甚至查阅词汇语义学专著"。由于概念本身具有体验性的特性，确定框架元素及其组合、聚合关系的过程是一个相当主观化的过程。在前文中，我们以语料库中的例句为材料来源，采用人工标注和直觉检验的方法来确定语义变量的归类和数量，这种做法的目的同框架语言学一样，是从实际的语言材料中直接获取语义参与成分，而不是预先设定一组语义成分清单，把框架元素或语义成分硬塞进去。以这种方式提取的语义变量系统及其赋值情况，可以作为评价指标，用来分析身体动作义位在释义过程中存在的困难，以及评价不同的学习词典在动作义位释义方面的得失，并对词典释义提出合理化的建议。

第一节　汉语动作动词释义研究述评

古希腊人认为"释义学"是一门关于理解和说明的艺术。虽然释义是社会交际中的普遍现象之一，人们常常要对他人做出解释说明，但是现在我们普遍认为释义是词典编纂的核心任务。辞书释义本质上一种解释语言、工具语言，是一种广义的元语言，要求词典编纂者自觉地控制内容，在数量上越简越好。这种工具性的成分，是同质义位的组合，既包括组合结构，也包括聚合结构，而且，辞书释义的文本描写部分应当"从头到尾都出在同质的语义层中，保持内在的质的一致性"（张志毅、张庆云，2007：347）。就单语学习词典而言，既不存在历时的语义演变，也不涉及普通话与方言的差异，更无关于外语性质与本族语性质的差别，因此，无需过多地考虑释义元语言的系统同质性问题。作为研究材料的三部学习词典的释义元语言，以及探讨单个动词的义素总价值和语义特征的研究语言，都是以自然语言（指现代汉语）为形式的释义元语言。

一、汉语动词释义的几种典型研究模式

动词是实词类中的一个大类，具有统一的构词、搭配、语义、语用、交际结构等语言规则的共同属性，"这些属性由于制约着语句或语句片段的生成或理解而必须用统一的模式在词典中加以描写"（张家骅等，2003：151）。在汉语词典的编纂实践中，国内辞书界对汉语动词义位释义的总体思路是这样的：首先按照词类范畴将动词与其他词类区别开来，然后考察动词的语义、语法特点，尤其是与之相关的客体关涉成分、行为主体、方式、原因、目的、结果、时间、地点等语义关涉成分，最后选择合适的释义元语言进行表达。比较有影响的研究模式有如下几种：

黄建华（2001）在其通论性的著作中对汉语动词义位在词典中的释义方法进行了梳理，他首先指出："释义是个复杂的问题，和所释对象的性质（如属于什么词类）相关，对不同的对象往往要运用不同的释义方式"。黄建华（2001）将动词的释义划分为两种——"可代换性释义"和"不可代换性释义"，根据词典编纂者对释义内容的处理程度，"可代换性释义"又可分为"简释法"和"详释法"。这是对动词释义形式的梳理，偏重框架式的论述和指导。

　　章宜华（2002）通过对英语、法语和汉语等几部积极型词典中动词释义特征的比较和研究，提炼出了"多维释义"的理念和原则。基于这一原则，他提出，一个完整的动词释义应由三部分组成，即释义的语法条件、词汇的概念特征和附加意义的注释（章宜华，2002：90），这三个部分虽然不能完全适用于汉语学习词典编纂的实际情况，但是为我们从多角度、多层面来表述动词语义内容打开了新思路，有助于避免传统词典编纂过程中偏重于揭示概念意义的做法，具有强烈的指导意义。

　　对动作动词释义模式的研究最为深入、细致的当属符淮青。早在 1982 年，他就将表示"动作行为的词"的常规释义模式概括为"语言—思维"分析式。在此基础上，符淮青（1996、2004）进一步将表动作行为的词的释义模式概括如图 6-1：

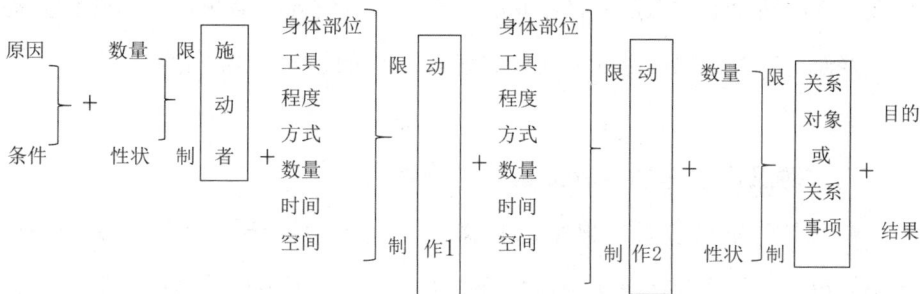

图 6-1　表动作行为的词的释义模式

　　符淮青（2006、2013）还以"吃、喝"类动作动词为例探讨了如何运用形式化的手段来分析词义和释义，通过分析动作动词"吃、喝、饮、呷、抿"的施动者、受事特征、动作步骤、动作部位等构成要素来解析词义、进行释义。他用英文大小写字母和数字来代替这些要素，提出将这些语义要素有选择地加和起来就可以分析词义和释义，他把这种形式化的公式叫作"词义成分—模式"分析。这种释义模式的提出，不仅从形式上对释义方法进行了范畴归类，还对动词语义内容的微观成分进行了细化，细致考察了动词义核的限定成分，具有强烈的针对性和实用性。

于屏方（2006）的定量研究也沿袭了符淮青（2004、2006、2013）的思路，其博士论文《动作义位释义的框架模式研究》借用了莫斯科语义学派的"抽象语义变量"这一术语，全文以《现代汉语词典（第 5 版）》和《柯林斯英语大词典（2001 版）》为样本，抽取了义核、直接客体、方式、单元主体、目的等 21 个抽象语义变量；再以抽象意义变量为标准，对《现代汉语学习词典》《朗文当代英语词典》等 13 部中英文积极型学习词典中的动作义位释义进行了对比分析，考察其释义文本所体现的抽象语义变量的分布情况；最后以几个特定语义场（如"索取"类语义场）动词为例，探讨如何使用抽象意义变量为动作义位释义提供优化模式。全文数据翔实，内容全面丰富，但本质上仍未跳出符淮青（2004、2006、2013）的窠臼，特别是在抽象语义变量的抽取上，仍是来自已有的《现代汉语词典（第 5 版）》的释义文本，继而又用指导积极性学习词典的编纂，评价此类词典的优劣。

二、对汉语动作动词释义模式的思考

在上文中提到了三种典型的释义研究模式中，符淮青（1996、2004、2006、2013）以《现代汉语词典》为模本，既总结了现代语文词典对动作义位的释义规律，又反过来用这一规律来验证其他动词的释义情况，他所提出的汉语动作义位释义模式在当前中国辞书界的影响力最大，为后续研究提供了相当高的起点。于屏方（2006）虽然用抽象语义变量这一术语和大数据的定量研究验证了这一模式，但她把这种模式视为预设性的总则，其研究方法并未超越这一研究模式。本研究专门就这一释义模式提出一点异议。

首先，在理论方面，词典释义要建立在对词义的深入分析的基础上，分析词义应借鉴词汇语义学方面的研究理论，不能反过来用词典编纂的理论来限定词义应当包含哪些要素和特征，再把这些要素和特征显示在释义文本中，否则就可能过分强调某些主要个性义素，忽略或否定某些边缘义素的存在。再则，在释义文本的表达形式上，词典编纂者不可能严格按照这一模式的线性顺序依次组织释义元语言，严丝合缝地按照该模式的各个组块进行句法表达。汉语是一种"非语法型的语义型语言"（徐通锵，1998），即使词典编纂这项工作要求编纂者尽可能使用严谨、精确的元语言来摹写词义，汉语本身的特点就是"句子结构以意合为主、句式灵活多变"（徐通锵，1998），不同编纂者、甚至同一编纂者的释义表达都可能存在差异。这一模式只能是描述式的，而不能作为规定的标准。最重要的一点是，"词义成分—模式"分析这一模式是倒因为果、循环论证的。从提取该模式的语料来源来看，《现代汉语词典》的释义文本是封闭式的语料，研究者先验地预设了这部词典的释义是完美的典范，以此为基础总结释义规律，这是不够严谨的。从研究方法来看，用现有的词典释义来总结归纳词义的内容和规律，这是倒因为果。苏宝荣（2000：194）曾指出，若是对于那些大量尚未释义或者释义不准的词义，又该如何以词典释义为基础呢？而且，如果再用这些从不规范、不完美的释义中总结的东西反过来指导词典编纂，甚至规定释义的语言要依照这一模式进行句法表达，这就是循环论证了。

汉语动作动词的释义及研究，应建立在对该类词汇的概念意义、语义特点、语法意义、语用含义等多方面深入研究的基础之上。就目前的汉语学习词典的编纂现状来看，对动作动词的释义仍然比较侧重于词的概念意义，"过分依赖以词释词的释义方式……释义中的精细度和区分度不足"（于屏方，2006）。造成这种情况的根本原因在于衡量和指导动作动词释义的模式和标准还是脱胎于现有的释义文本，没有跳出循环论证的怪圈，靠的仍是编纂者和研究者的编纂经验和心得体悟，释义内容依然处于感性的非系统状态。

本研究认为，要解决这个难题，首先应当找到一个合适的参照标准。这个标准应当满足以下条件：（1）理论基础要跳出释义研究的藩篱，结合认知语义学、框架语义学、情景语义学等相关学科的研究成果；（2）释义模式要基于动作义位所参与的事件图式及其层次、组块和要素；（3）对被释词的意义的考查来源是基于语料库的，而非基于现有释义文本的；（4）要结合母语者的语感和语言使用习惯。综上所述，本研究认为，汉语动作动词的概念语义变量系统可以充任这一参照标准，即用概念语义变量 X 及其赋值结果来指导汉语动作动词的释义实践和对释义文本的评价。这是因为，语义单位的释义过程始于语义诠释，是"不断将单位意义相对复杂的语义表达式解读为单位意义相对简单的表达式的过程，直至无法继续解读为止。所有词汇语义单位都可以经过若干步骤分解为基本语义元素单位"（张家骅等，2003：133）。这一语义诠释的过程就是词义的认知识解过程，释义的最终结果是用释义元语言进行句法表达，而词义的认知识解过程的最终结果是形成概念语义变量系统及其各变量的赋值。本研究认为，用基于认知语义学的概念语义变量系统及其赋值来对比分析已经输出的释义文本结果，可以避免循环论证，增强元语言释义的解释力。

三、以 X 为参照标准研究动作动词释义、例证的操作步骤

将运动事件概念框架引入动作动词的词义分析和释义研究中，目的是用语义变量及其赋值结果将词义的内涵用数量化的方法表述出来，并力图做到更加精细、更加规模化，用充分细致的语义变量尽可能全面地描述词义的构成，更有效地指导词典编纂工作。本研究认为，以动作动词的概念语义变量 X 及其赋值结果为参照标准来考查汉语单音节身体动作动词的词典释义结果，要遵循以下几步。

步骤一　建设变量 X 与释义、例证文本对比语料库。提取《现汉学习》《8000 词》和《商务馆》三部学习词典中 160 个目标词的全部释义和例证文

本，以动作概念语义变量系统最末层次上的语义次范畴特征为变量 X 及其赋值，对文本内容进行切分和归类，文本内容中具有该特征，记作"√"，否则记作空格（参见附录4）。

步骤二　统计分析词典释义、例证文本中所关涉的概念语义变量，分析变量出现的频率与释义、例证文本中显示的语义成分的匹配关系，探讨不同类型的变量适合出现在释义中还是例证中。

步骤三　横向分析和评价三部词典的释义方法。根据显示在释义文本中的高频变量 X 及其赋值情况，归纳和总结学习词典的释义方法，评价三部词典在释义方法上的得失。

第二节　概念语义变量 X 与释义配列式的对比分析

对动作动词的释义过程是一个语义信息前景化的过程。构成动作动词词汇意义的众多语义变量中，有一些语义变量较之其他变量更加显著，在这些语义变量的诸多赋值结果中，一些结果较之其他结果更加突出。因此，显著的语义变量及其突出的赋值结果合力构成了该动作动词的语义全貌，用释义元语言表达出来，就是对该词的释文。多数情况下，突出的语义变量及其赋值结果不止一个。因此，本节将就三部词典对动作动词的释义中所体现的语义变量进行统计和分析。

一、词典释义文本所关涉的语义变量概览

特定动作动词的微观概念语义框架也可以看作是一个小型的叙事语篇，诸多语义变量共同作用，构成完整的意义。这些语义变量中，既有个性成分，也有共性成分。考察动作动词的语义成分，既要从微观的个体动词入

手,也要着眼于特定类型的动作动词词族、词群,对典型群的共性因素和个性因素进行整体描写,形成宏观的概念语义框架,这样才能充分揭示群内个体所呈现的共同特征,揭示个体义位的区别性特征。这是确定义位的聚合系统意义。另外,义位的意义还要受到高频句法组合的影响,高频出现的句法成分必然也是比较显著的语义变量,对特定动作动词的使用习惯会反过来影响其意义。本研究认为,构成动作义位的众多语义变量的地位是不平等的,有些语义变量(如受事)必然要比其他语义变量更加显著一些,处于相对的显性位置,在词典释义中也是需要用句法成分体现出来的。

以"施事性质"为例,我们可以看看语义变量的频次是如何统计出来的:

首先明确该变量的性质。"施事性质"变量指发出动作的主体,就动作动词而言,动作主体主要是人,既包括单一的个体,也包括被视为整体的一个群体,也有可能是动植物、物件、自然或社会现象、机构团体等。例如:【抬】两个或两个以上的人用手或肩膀搬东西。再如:【碰】运动着的物体跟别的物体突然接触。

然后以该变量为检索条件,统计词典释义和例证中的出现频次。在"变量 X 与释义、例证文本对比语料库"中,三部词典的释义和例证中关涉"施事性质"变量的频次分别为:《现汉学习》释义中 3 次、例证中 127 次;《8000 词》释义中 4 次、例证中 118 次;《商务馆》释义中 5 次、例证中 126 次。

最后对该变量的赋值结果进行分类。在释义中,动作动词的施事性质包括以下几类:(1)个体的人,例如:【背】指人用背驮东西。(2)团体的人,例如:【抬】两个或两个以上的人用手或肩膀搬东西。(3)动物,例如:【跑】奔,人或动物用两只脚或四条腿迅速行进。(4)物件或东西,例如:【碰】运动着的物体跟别的物体突然接触。

在三部词典的 160 个动作动词的释义中，42 个末级概念语义变量①的出现频次如图 6-2 所示：

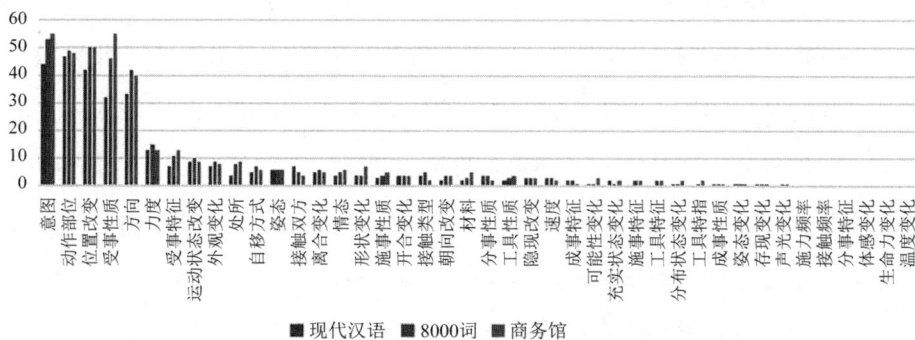

图 6-2　末级概念语义变量在三部词典释义中的出现频次

从图 6-2 可以看出，根据语义变量在释义和例证中的显隐频率，体现在释义和例证中的 42 个概念语义变量都可以分为"高频变量、低频变量和隐性变量"三部分。在释义中，这三部分依次为"意图、动作部位、位置改变、受事性质、方向""力度、受事特征、运动状态改变、外观变化、处所、自移方式、姿态"及其他。下面一一详述。

二、释义文本中的高频语义变量及其赋值结果解析

威尔兹彼卡（Wierzbicka，1982：39）认为，词典编纂者应该为词典使用者提供理想的、分属不同层面的意义。"详尽的词典释义……应该说明概念的所有成分……但所指对象的所有知识不应该全部包括在词典释义中，例证也应承担起说明意义的作用。"这段话很好地解释了释义和例证中体现的高频语义变量不一致的原因。从词典使用者体验的角度出发，释义的作用是

----

①根据第四章第二、三节的统计结果，外施事动作动词概念语义变量系统的最末一级共有 41 个语义变量，自施事动作动词有 14 个末级语义变量，除自移的方式（含姿态）以外，其余变量均可以并入外施事动作动词的语义变量中，因此，合计 42 个语义变量。

要大于例证的，释义也是决定整部词典质量的核心。因此，本小节将探讨词典释义中体现了哪些高频语义变量、赋值结果与释义配列式的匹配程度，以及理论上应当出现的高频变量与实际出现变量的差别等问题。

"意图、动作部位、位置改变、受事性质、方向"这五个语义变量明显处于释义配列式的核心地位，在160个单音节动作动词中，几乎四成以上的动作动词的释义中都关涉了这些语义变量。可以认为，在汉语中，动作概念的诸多要素上升为语言形式的过程中，这四个语义变量要比其他语义变量更加重要。这是以汉语为母语的人们长期认知经验的结果，是基于语言背景或非语言背景的认知框架的投射和凸显（章宜华、雍和明，2007：291）。

释义配列式中的"意图"变量之所以呈现出明显的高频性，这与词典释义文本的句法形式有关，有32.69%的动作动词释义使用了"描述详尽动作的替代词+'使'+动作影响"的格式，如【敲】（在物体上面）打、击，使发出声音。

理论上，"动作部位"变量在释义中应有100%的出现频率，因为任何动作的发出都不能离开具体的身体部位。然而实际上，仅有29.81%的动作动词释义将分裂主体前景化，如【托】手掌伸开向上承受（物体的重量）、【掐】手用力握住或两只手合起来攥住（脖子等）等。没有在释义配列式中体现"动作部位"变量的动作动词，有的是需要多个身体部位同时施力完成的（如"推、扬"），有的是精细复杂动作（如"包"），有的是将"处所、工具"等其他信息前景化，因而不强调"身体部位"信息（如"拔、锁"）。

在本研究的160个目标词中，表示"位移"的动词有115个，可见"位移"概念在交际和辨义过程中处于显性的地位。在"位移"概念之下，"位置改变"变量又比"朝向改变、运动状态改变"变量更加显性，因此，在释义配列式中呈现出高频集中分布的特点。

"受事性质"变量在释义配列式中的出现频率高达28.6%，这是动作行为与客体角色的深层组合关系在释义文本中的体现。句法层面的题元结构常常与语义层面的深层关系互相映射，因此，描述和区分动作行为的意义离不开对客体角色的区分。受事成分是典型的本原客体，无论是在句法表层结构，还是在释义元语言层面，都能与动作义位紧密结合，所以成为动作动词释义中的高频变量之一。值得注意的一点是，随着对客体角色的研究越来越深入细致，词典编纂也更加重视对受事、成分、分事等成分的标注，从《现汉学习》到《8000 词》再到《商务馆》，"受事性质"变量的出现频率是明显攀升的。

在释义配列式中，"方向"变量既包括施力方向（外施事动作动词），如【拔】往外抽；也包括自移方向（自施事动作动词），如【爬】抓着东西往上去。它同"受事性质"变量在释义配列式中的出现频率几乎一样高。理论上"方向"变量的出现频率应当是 100%，实际上在词典释义配列式中，有如下几种情形不标示出施力或自移的方向：（1）施力方向为朝向或背离目标物的，如"捣、揉、揭"；（2）施力方向以虚拟方位为坐标的，如"折、掰"的施力方向为"垂直于物体的延展方向"；（3）施力方向为朝向施事主体并兼有"获得"义的，如"摘、拿、握"；（4）施力方向为环绕目标物的，如"捆、抱、裹"；（5）施力方向为对抗重力的，如"抬、挑、吊"；（6）施力方向不定或者不显著的，如"镶、埋、堵"。

三、释义文本中的低频和隐性语义变量及其赋值结果解析

根据图 6-2，本研究把释义配列式中完全没有显示的 6 个概念语义变量（即频次为零）"施力频率、接触频率、分事特征、体感变化、生命力变化、温度变化"叫作隐性语义变量，介于高频语义变量和隐性语义变量的叫作低频语义变量，包括"力度、施事性质、工具"等共计 33 个。低频语义变量出现在释义中的平均频次很低，都不超过 13.67。这些语义变量很少出现在

释义配列式的原因如下。

第一，有的语义变量在变量系统内具有绝对的普遍性，频率甚至高达100%，但赋值结果比较简单，不能提供有效的意义区分度，因此，其语义信息不能前景化进入到释义配列式中。例如，动作主体是动作义位中必不可少的角色，任何动作都要由特定的动作主体"人"来实施完成，但是汉语中对"人"的区分是基于"数量"属性的，即作为动作主体的人被区分为"个体的、团体的和特定数量的"三种，因此，"施事性质"变量几乎很少出现在释义配列式中。

第二，有的语义变量赋值情况复杂，不能用简明的释义元语言进行描述，需要用例证来解释说明。例如，93.62%的外施事动作动词的语义变量系统中都包含"情态"变量，其赋值结果包括"迅速地、突然地、有规律地、有节奏地、持续地"等13种情形，如果详细区分的话，还有更多种细致入微的动作情态内容。就单个动作义位而言，可能伴随着多种情态。因此，除个别动作动词（如"镶、碰"）以外，"情态"变量不可能也没有必要全部出现在释义配列式中。

第三，有的语义变量在语义变量系统中具有重要的区分意义，但是很难用语言形式进行表述。例如，"接触"变量是描述外施事动作动词的动作内容的关键要素，然而其下位变量"接触类型、接触频率、接触双方"的赋值结果都很难用释义元语言进行描述。"接触双方"变量比前两者的描述难度稍低，然而，动作主体人发出动作时，接触多发生在动作部位（或工具）与本原客体之间、动作部位与工具之间，这是默认的情况，因此，释义中通常不会特别指出接触双方。只有一些特殊情况，比如在动词"撑船"的释义中，工具"篙"要抵住河底施力，才能使船前进，接触双方是特定工具"篙"与动作事件的特定背景"处所"，因此，需要在释义中说明。

第四，有的语义变量赋值情况很简单，也能用合适的释义元语言进行表述，但是区分度不够精确，因此，较少出现在释义配列式中。例如，"力度"变量的赋值结果只有在"用力地、适中地、轻轻地"三个，但用力达到什么程度才可以归入以上分类是非常主观化的体验，只有在"用力"导致明显消极影响的动作动词的释义中才有对"力度"的描述（如"挤、掐_{脖子}"）。

第五，有的语义变量在概念语义变量系统中就处于边缘地位，仅出现在个别动作动词的语义内容中，且同其他变量相比，前景化程度不高，因此，不会出现在释义配列式中。如"温度变化"变量、"生命力变化"变量等。

特别要提出的一点是，以上频次统计是就 160 个单音节动作动词整体而言的，某语义变量出现在动作动词释义配列式中的频次低，并不意味着该语义变量在释义中不重要。在特定动作动词的释义中，哪个语义变量处于前景，取决于它出现在概念语义变量系统中的相对频率。例如，"施事特征"变量在动作动词释义配列式整体中出现的平均频次仅为 1.77 次，但是对动词"碰"的释义离不开其赋值结果"处于运动状态中"。

第三节　概念语义变量 X 与例证的对比分析

42 个概念语义变量在例证中出现的频次如图 6-3 所示。

例证中关涉的 42 个概念语义变量也分为"高频变量、低频变量和隐性变量"三部分，这三部分依次为"施事性质、受事性质、位置改变""意图、情态、方向、动作部位、外观变化"及其他。下面一一详述。

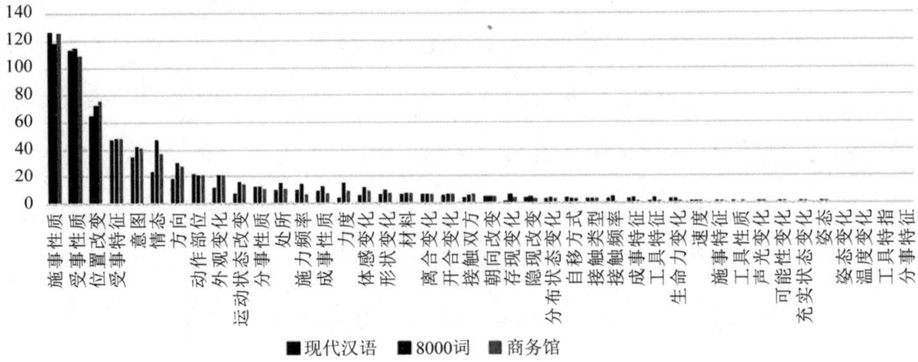

图 6-3 末级概念语义变量在三部词典例证中的出现频次

一、例证中的高频率语义变量及其赋值结果解析

汪耀楠（1982）主张词典的例句要遵守三条原则："用法体现典范性，例句具有多样性，例句包含思想性。"安华林（2006）在此基础上补充了三点："全面性、补充性和鲜明性。"这几条原则从数量、结构和类型三个方面要求词典示例的编写不仅要注重典型语境，还要反映丰富的语法信息。如果从概念语义变量及其赋值结果的角度来看，就是要求词典的例证不仅要体现核心语义变量，还要结合赋值结果提高语境精度和意义区分度。换个角度来看，为了补充说明动词意义，词典编纂者也会有意识或无意识地选择最能显示核心语义变量的句法表层单位，用一定的格式组织起来，形成典型例句。

三部学习词典的例证包括词例、语例和句例，句例占总数的 97.02% 以上，尤其是《商务馆》，几乎没有词例和语例。在这些例证中，四成以上的动作动词例证中出现了"施事性质、受事性质、位置改变"这三个语义变量，出现频次明显高于"意图、方向、动作部位"等出现在释义中的高频语义变量。可见施受关系和动作结果是动词配价语义角色体系中最重要的内容。"受事性质"变量和"位置改变"变量在释义配列式中也呈现出高频集中分布的特点，在此不再多做解释。值得注意的是，"施事性质"变量在释义配列式中的平均分布频次仅为4次，而在例证中则高达123次，76.81%的动作动词例证中都出现了上述人类动作主体。两种频次存在巨大差别的原因在于，在认知系统中，动作主体在正常情况下泛指个体或团体的人。体现在语言表层形式（指例证），人类主体角色虽然不像动作客体角色那样处于注意焦点，但也是动词的重要题元之一，因此在例证中呈现为高频。然而，在释义元语言层面，动作主体如果出现频率高，意义区分度和语义值①就会降低，甚至降低为冗余信息。因此，受释义简明性原则的制约，"施事性质"变量在释义文本中呈现为低频。

二、例证中的低频和隐性语义变量及其赋值结果解析

在词典例证中，动词语义结构和句法表现之间的互相映射要比释义文本中表现得更为明显。尽管例证中的语义变量也被分为高频、低频和隐性三部分，实际上大多数语义变量体现在例证中的频次数值要高于在释义中的频次数值，而且赋值结果的多样性也多体现于例证中。例如"处所"变量出现在释义中的平均频次为7次，出现在例证中的平均频次为12次；"处所"既可以充当"本原客体"的下位变量（如"堵、踩"）、也可以充当"其他客体"的下位变量（如"冲、投"）的这一差异也是在例证而非释义中体现出来的。

无论是在理论上，还是在实际中，概念语义变量X都不是平均地分布在动作义位和释义中的，对动作内容具有强规定性的变量必然出现在释义文本

---

①"语义值"这一概念引自叶斯伯森（Apresjan，2000：222），指的是在语言单位的意义组成结构中某个特定意义成分所具有的意义的比重。该成分在结构中出现的频率越高，语义值越低，其重要性也越低。

中，规定性较弱的变量多出现在例证文本中。例证既要体现强规定性的变量，起示范、对应释义文本的作用；也要体现弱规定性的变量，起补充、丰富意义内容的作用。

此外，尽管在统计中"工具特指"和"分事特征"这两个变量没有体现在词典例证中，实际上，纯粹的隐性语义变量是不存在的。在词典编纂实践中，"工具特指、分事特征"变量都可以补充出例证来，从而使词典释义更加完善。这也正是用概念语义变量 X 来对照例证的目的和意义。

第四节　动作动词释义模式的横向对比研究

语言词典的释义方法种类繁多。从形式上，根据释义配列式中的语言单位，释义方法可以分为以词释义、以短语释义和以句释义；从内容上，根据释义文本所解释的对象是本质概念、语义内容抑或其他，释义方法可以分为定义释义法、直接释义法和原型释义法（林玫，2009）。就三部学习词典中的汉语动作动词而言，编纂者主要采用了以短语释义（偶有以词释义）和直接释义的方法，但释义模式略有不同。本小节尝试以概念语义变量为标准，探讨三部学习词典中动作动词的释义模式和效度。

一、三部学习词典所采用的释义方法和模式

在《现汉学习》《8000 词》和《商务馆》三部词典中，编纂者解释动作意义的方法有如下几种：

1. 直接用同义词替代，即以词释义。包括两种：

（1）直接使用单音节同义单纯词进行替代释义，不用其他语义变量辅助说明意义。例如：

【缠】绕（《现汉学习》）

（2）使用同义复合词进行替代释义，不用其他语义变量辅助说明意义。例如：

【缠】缠绕（《商务馆》）

2. 语义变量+同义替代，即对特定语义变量进行限定后，加上同义词进行释义。根据被限定的语义变量不同，释义的模式也略有不同，比例较高的模式包括：

（1）动作部位+同义词替代。例如：

【扔】挥动手臂抛（《商务馆》）

（2）特定受事+同义词。例如：

【葬】掩埋或处理死者遗体（《8000词》）

（3）处所（背景）+同义词替代。例如：

【塞】把东西放进有空隙的地方（《8000词》）

（4）材料+同义词替代。例如：

【裹】用纸、布或其他东西缠绕；包扎（《8000词》）

此外，还有"工具+同义替代"（如"糊"）、"施事力度+同义替代"（如"打"）等释义模式。有时被限定的语义变量不止一个，如【装】为了存放或者运输，把东西放到容器里面或者车、船上（《商务馆》），这条释义同时限定了动作的意图和处所（即"东西"位移的终点），并用同义词"放"代替了"装"。再如【捆】用绳子等把东西缠住并打上结，使东西不会散开或者不能动（《商务馆》），这条释义限定了"工具、受事、意图"三个变量，用同义词"缠住"加上后续动作"打结"来说明被释词"捆"。

3. 用动作影响说明意义。这种方法常用于核心变量为"变化"的动作动词，动作的最终结果是本原客体发生了形态上的变化。例如：

【铺】在某物体上把东西展开（《商务馆》）

4. 用动作意图说明意义。严格地说，动作意图和动作影响其实区别并不大，是分别从未然和已然的时间视角对动作必然结果的描述。在对动作动词进行释义时，为了突出动作主体是有意识地采取某种行为活动，编纂者用描述动作意图的方式来解释词义。例如：

【放】使处于一定的位置（《8000 词》）

【垫】使加高、加厚或平整（《现汉学习》《8000 词》《商务馆》）

仅仅描述动作主体预计造成的效果、发出动作的目的或预期的影响，是不足以说清动作的具体过程的，毕竟为了实现同一目的，可以采取的动作方式是多种多样的。在词典释义中，编纂者通常采用同义替代与描述意图相结合的方式来对动词进行释义。如《8000 词》和《商务馆》对"倒"的释义都是先说明动作如何实施（"反转或倾斜容器"《8000 词》、"把容器倾斜"《商务馆》），再解释这样做的目的是"使容器里面的东西出来"。再如"挂"，《8000 词》和《商务馆》都将其释义为"借助绳子、钉子、钩子等物使物体高悬或附着在高处"。这种释义抓住了关键语义变量工具"绳子、钉子、钩子等物"和动作意图"使物体处于高处"，隐去了施事主体、动作部位，也不谈施力和接触，只用工具变量和动作意图变量概括词义。

5. 用动作过程说明意义。这种释义方法常用于描述由多个精细动作组成的复杂动作义位。例如：

【叠】把衣服、纸张等的一部分翻过来加到另一部分上（《商务馆》）

6. 用动作造成的正反结果来说明意义。有些动作动词的释义采用同时展示正反结果的方式来说明词义。如《商务馆》对"撑₂"的释义先用"抵住"来指代"撑"的动作内容，又补充说明动作的意图是"使不塌下"，从不实施动作可能造成的结果来解释该词，使释义更加饱满。再如《现汉学习》对"吞"的释义，先从反面说明"吞"是"不嚼碎、不细嚼"，再从正面说明"整个儿地咽下去"。

此外，还有一种非常少见的释义方法是"原词+语义变量"，仅有一例：

【夹】夹着包（《现汉学习》《8000 词》）

二、语义变量 X 的转化率：词典释义质量的量化标准

林玫（2009）曾提出词典释义的三个原则：第一，客观性，即词典释义需如实反映客观世界的信息；第二，明确性，即词典释义所表达的内容要清楚明白；第三，简洁性，即在遵循客观、明确的前提下，令读者快速掌握所需要的信息。这三条原则预设的大前提是词典释义的内容是完善、全面的。离开这一前提，客观、明确和简洁无从谈起。因此，本小节将以语义变量 X 为参考标准来考察三部学习词典是否全面地对动作义位进行了释义。

某语义变量 X 出现在释义和示例文本中的平均频次高低与否，与该语义变量在释义中的地位高低无关。换言之，X 的平均频次只是客观地反映了词典编纂者在释义过程中凸显了哪些语义要素。至于是否全面地凸显了所有跟动作义位相关的语义变量、语义变量凸显的程度是否足够，则要根据语义变量 X 在动作动词的释义内容的转化率来判断。所谓转化率，是指每部词典的释义和例证中单个语义变量的实际出现频次与概念语义变量系统中该语义变量的理论出现频次的百分比。

在前文中，本研究基于位移事件理论提出了汉语动作动词概念语义变量系统，先验性地把该系统中的各个语义变量视为词典释义内容中必须具备的意义参数，词典释义和例证中所体现的语义变量越充分、越全面，该词典对动作义位的释义内容就越详尽，编纂质量就越高。本研究将语义变量 X 在词典释义和示例中的转化率的理想下限值设定为 100%，其含义是就某特定语义变量而言的。如果 X 在概念语义变量系统中的理论变量频次为 1，那么，至少有一部词典中的释义配列式或示例中体现了该语义变量，即实际变量频次至少为 1。转化率高于 100%，释义充分；反之则释义不充分。以"工

具性质"变量为例：

表 6-1　三部词典中"工具性质"变量的转化率

词典名称	实际出现频次	理论出现频次	转化率
《现汉学习》	4		8.16%
《8000 词》	4	49	8.16%
《商务馆》	6		12.24%

　　如表 6-1 所示，以"受事性质"变量为例，该变量在概念语义变量系统中的理论出现频次为 49 次，在《现汉学习》《8000 词》和《商务馆》这三部词典中的实际出现频次依次为 4 次、4 次和 6 次。据此计算，"受事性质"变量在以上三部词典中的转化率依次为 8.16%、8.16% 和 12.24%。根据这组数据，本研究认为，以上三部词典对"受事性质"变量的释义都是不充分的，处理得最好的是《商务馆》。按照这一思路，本研究统计了 42 个语义变量在三部词典的释义和示例中的转化率，参见附表 3。在统计表中，我们得出以下结论：

　　从整体情况来看，《商务馆》和《8000 词》的释义内容要比《现汉学习》全面得多。《现汉学习》《8000 词》和《商务馆》这三部词典的首次出版时间分别为 1995 年、2000 年和 2006 年，这一时期正是我国汉语学习词典迅猛发展的时期，词典学学科体系逐渐完善，词典编纂理念趋于成熟，但"处于探索阶段的、自身地位欠清晰的学习型词典无法挣脱处于强势的理解型词典释义模式的藩篱"（于屏方，2006）。《现汉学习》是我国词典编纂历史上第一部学习词典，其编纂理念还处于探索阶段，在动词释义方面仍以《现代汉语词典》为母本，呈现出高度的象似性。以这部开创性的学习型词典为基础，此后的《8000 词》和《商务馆》虽然在成书的时间上比较接近，但是对动作动词的释义完善程度却有了非常明显的提高。从下图 6-4 中可以清楚地看出，除在个别语义变量上存在一定的差异，《8000 词》中各个语义变量的平均转化率分别达到了 76.34%，《商务馆》为 70.44%，这两部词典的释义配列式和示例文本对语义变量的覆盖程度完全超过了《现汉学习》（58.64%）。

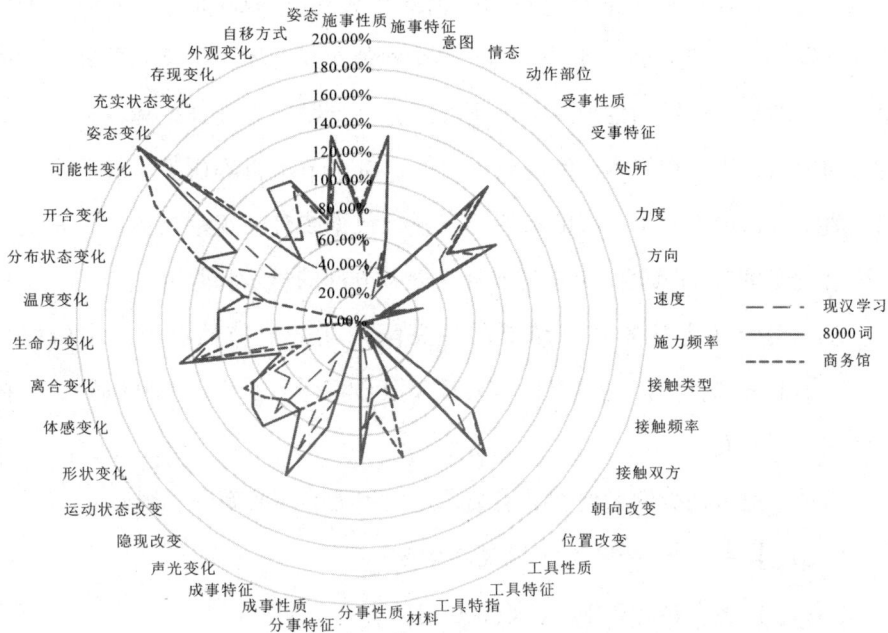

图 6-4 三部词典各语义变量的平均转化率

三、赋值结果的区分度：词典释义质量的质化标准

词典释义配列式和示例文本中所体现和关涉的语义变量的频次，是从数量上全面考察三部词典的释义质量。但是，仅仅统计语义变量 X 在释义中的实际出现频次，只能展示出词典的释义配列式是否凸显了认知框架中的前景信息，释义和示例文本是否全面地覆盖了整个动作事件的各个要素，并不能展示出相近动作义位意义之间的细微差别。因此，本小节将从概念语义变量

X 的赋值结果的角度，来考察释义配列式的精细度和意义区分度，进而探讨三部汉语学习词典的释义质量的优劣。

动作动词的末级概念语义变量赋值结果数量巨大，情况复杂。以"情态"变量为例，包括"迅速地、有规律地、突然地"等 13 个赋值结果。根据初步统计，42 个末级语义变量的赋值结果大约有 3000 余个。对意义的深层挖掘是一个无穷无尽的过程，3000 余个赋值结果并不是语义结构式中的概念常量，如果继续递归性地分解，还可以进一步得到更加细化和深入的语义变量和赋值结果。根据本研究的研究目的，本小节不再解析下一级语义变量和赋值结果，也不对本一级的赋值结果进行数据统计，仅举具体例子来说明末级语义变量 X 的赋值结果在词典释义内容方面的显示和隐退。

在考察语义变量的赋值结果与释义配列式的对应情况时，本研究发现，整体上《商务馆》的释义内容要优于《现汉学习》和《8000 词》，具体体现在以下方面。

第一，把可切分的名词类赋值结果定位到更准确的部分。例如：

【夹着包】夹在胳膊底下。（《现汉学习》）

【夹着包】夹在胳膊底下。（《8000 词》）

【夹着包】把东西放在腋下，使不掉下来。（《商务馆》）

在词条"夹着包"的释义配列式中关涉了"处所"变量，其赋值结果应当指的是"胳膊和体侧形成夹角的地方"，"胳膊底下"只是指出了"夹角"的一侧，对另一侧的性质解释不清，因此，不如"腋下"准确。

再如：

【拴】用绳子系住。（《现汉学习》）

【拴】用绳子等物系上。（《8000 词》）

【拴】把绳子的一头绕在物体上系住。（《商务馆》）

对"拴"的释义，《现汉学习》和《8000 词》都是仅限定了"工具特指"变量为"绳子"，《商务馆》则将其限定为"绳子的一头"，指明了"拴"和"捆"的差别在于前者只用了工具"绳子"的一部分，而后者通常是用尽了全部工具。

第二，在赋值结果上附加和补充相关信息，使释义更加形象。例如：

【捧】两手托着。（《现汉学习》）

【捧】用双手托。（《8000 词》）

【捧】双手略弯曲向上（有时并在一起）托住（东西）。（《商务馆》）

在刻画"捧"这个动作时，《商务馆》的释义不但指出了具体的身体部位，还描写了动作部位的特定姿态是"略弯曲向上（有时并在一起）"。这个手部姿态信息的描述成功地区分了"捧"和"托"，画面感强烈，更加形象。

第三，降低词汇难度，用基础词汇描述赋值结果。例如：

【扛】用肩膀承担重量。（《现汉学习》）

【扛】用肩膀承担重量。（《8000 词》）

【扛】把东西放在肩膀上（运到别的地方去）。（《商务馆》）

《现汉学习》和《8000 词》都采用了"动作部位变量+同义词替代"的方法进行释义，而《商务馆》则通过描述动作的系列过程的方法来释义。从释义元语言的词汇难度等级来看，"承担重量"跟"放、运"相比肯定难度更高。

第四，扩大赋值结果的范围，涵盖更多可能。例如：

【拧_{螺丝}】用力绞物。（《现汉学习》）

【拧_{螺丝}】控制住物体向里转或向外转。（《8000 词》）

【拧_{螺丝}】用手或别的工具使物体朝一个方向转动。（《商务馆》）

在全部语义变量中，"施力方向"变量的赋值结果是最复杂的，高达 7大类 16 小类，将赋值结果体现在释义中的难度很大。如果用数学语言来表达"拧_{螺丝}"的施力方向，比较贴切的说法应当是"持续地沿着物体（如螺丝）圆周的切线方向"，但这种描述方式无法用到释义元语言中。在以上三部词典中，对"方向"变量的赋值结果依次为"零赋值→向里或向外→朝一个方向"。"朝里或朝外"的方向坐标通常为施力者本人，将"拧_{螺丝}"的动作限定为只有两个可能，"朝一个方向"没有指定参照坐标，因此，比"向里或向外"的范围更广一些，这种描述涵盖的内容更丰富一些，所以更加准确。

第五，增加下一级语义变量和赋值结果，丰富释义信息。例如：

【抬】用手或肩膀合力搬东西。（《现汉学习》）

【抬】共同用手或肩膀搬东西。（《8000 词》）

【抬】两个或两个以上的人用手或肩膀搬东西。（《商务馆》）

动作动词的实施者当然是人，这是普遍的认知共识，因此，施事变量一般不出现在释义中。不过，也有个别的例外，比如当实施动作的主体在数量、特征、性质上不限于个体人类时，对动词的释义应当指出这一点。

再如：

【碰】撞击。（《现汉学习》）

【碰】运动着的物体跟别的物体突然接触。（《8000 词》）

【碰】运动着的东西撞在别的东西上。（《商务馆》）

当施事主体处于特定的状态中时，词典释义是需要特别指明的。《8000 词》和《商务馆》特别指出了动作的主体是"运动着"，要比《现汉学习》简单地用复合同义词代替显得更准确。

第六，隐去不必要的语义变量和赋值结果，避免错误。例如：

【背】指人用背驮东西。（《现汉学习》）

【背】用脊背驮东西。（《8000 词》）

【背】用背部承受重量。（《商务馆》）

对"背"的释义中，《现汉学习》将施事限定为"人"，《8000 词》虽然没有提到动作主体必须是"人"，但是"动作部位"变量的赋值结果"脊背"通常是指"人的背部"，《商务馆》则用"背部"一词，把"动物的背部"和"人的背部"都包含在内。本研究认为，《商务馆》对"背"的施事的处理是合适的。因为在语料中，我们发现不少类似于"大乌龟背上背了一只小乌龟"这样的例子，可见"背"的动作主体不限于人，释义中把"动作主体"变量的赋值结果限定为"人"、把"动作部位"限定为"脊背"的做法都是不可取的。

小结：

以概念语义变量 X 及其赋值结果为标准来考察三部学习词典的释义内容，要考虑三个方面：第一，语义变量的选择性凸显决定了释义配列式的质量；第二，语义变量的转化率决定了释义和示例文本是否全面地覆盖了全部意义要素；第三，语义变量的多个赋值结果决定了释义文本的准确程度。词典编纂实践过程中，只有最优化的释义模式，而没有标准统一的词典释义文本。因为汉语本身是一种语义型语言，句法表达形式多样，此外，编纂者对动作义位都有个人的经验和理解。与其追求释义结果的一致性，不如参照概念语义变量及其赋值结果，合理组织释义元语言，补充合适例句，从多个层面和角度呈现动作动词的词汇意义。

第七章

结　语

第一节　结论及主要发现

本研究采用语义学的相关理论，对汉语单音节动作动词的词汇意义及其在学习词典中的释义情况进行了理论和实践上的研究，获得主要结论如下。

第一，从施事主体和焦点主体的重合关系入手，动作动词可以分为外施事动作动词和自施事动作动词两类。动作动词的核心概念要素可以简单概括为"位移 | 变化+副事件"。从概念语义结构上来看，外施事动作动词的副事件可以视为施事主体作用于焦点实体的原因，自施事动作动词的副事件可以视为施事主体作用于自身的方式。构成两类动作动词的概念语义框架的要素均包括动作角色、动作内容和动作影响。就外施事动作动词而言，动作的角色不仅包括动作的主、客体，工具、材料以及动作部位虽然处于次要的地位，但也是不可或缺的语义要素；动作的内容可以从施事和接触两方面来考察；动作影响包括位移和变化两方面。就自施事动作动词而言，由于施事主体与焦点实体重合，动作的主要角色是发出动作的人，次要角色是动作部

位；动作的内容可以具体化为自移的方式；动作的影响理论上包括位移和变化两方面，但是实际上通常仅体现为位移。

第二，在理清了两类动作动词的概念语义框架和核心要素的基础上，从信息解码的角度，对汉语身体动作动词的概念语义内容进行解析，构建两类动作动词的抽象语义变量系统。构成该系统的基本要素是抽象语义变量，这是对动作动词概念语义中的数目有限的概念组块进行范畴化后的结果，包括描述性抽象变量、关涉性抽象变量和伴随性语义变量。理论上说，抽象语义变量系统的层级是嵌套的，层级的数目可能从 1 到 N，受语言表述和认知理解的局限，本研究把层级限定为三层。在这三个层级中，语义变量的赋值结果及赋值范围都是可以采用析义元语言进行描述的，依赖大规模现代汉语语料库以及一定数量的母语者的语言直觉，可以保证所建立的《汉语身体动作动词概念语义信息库》的客观性和准确性。

第三，根据《汉语身体动作动词概念语义信息库》，本研究对汉语单音节动作动词的语义内容进行了定量和定性统计。结果显示，两类动作动词的语义要素的数量和内容既有共性，又有差别，差别主要体现于二级和三级语义变量的性质和赋值结果。外施事动作动词的二、三级语义变量及其赋值结果，无论是在数量上，还是内容上，都要比自施事动作动词复杂得多。在此基础上，本研究将汉语动作动词的词化模式概括为"位移 | 变化+原因方式等+X"，"位移"和"变化"是词化模式的共性成分，"原因、方式等"表示支持关系的副事件是类型区分成分，"X"是词化模式的个性成分，而非有些学者所认为的"边缘性语义成分"。

第四，将动作动词的概念语义信息与汉语学习词典中动作动词的释义相对比，以个性成分 X 及其赋值结果为参照标准来考查汉语单音节身体动作动词的词典释义配列式和例证，可以看出：各语义要素的出现频次呈现出明显的数量差异，"意图、动作部位、位置改变、受事性质、方向"是出现在词典释义配列式中的高频语义要素，"施事性质、受事性质、位置改变"是出现在例证中的高频语义要素。总体规律是：对动作内容具有强规定性的变量必然出现在释义文本中，规定性较弱的变量多出现在例证文本中。例证既要体现强规定性的变量，起示范、对应释义文本的作用，也要体现弱规定性的变量，起补充、丰富意义内容的作用。

最后，通过对三部典型的汉语学习词典的横向对比，本研究发现：无论是以语义变量 X 的转化率为标准，还是以赋值结果的区分度为标准，《商务馆》和《8000 词》的释义内容明显优于《现汉学习》。从语义变量的赋值结果与释义配列式的对应情况来看，《商务馆》的释义内容要优于《现汉学习》和《8000 词》。总体而言，《商务馆》的释义准确度和区分度要高于另外两部词典。

第二节 研究价值及实践意义

一、理论价值

本研究的理论价值主要体现在以下三方面：

第一，对宏事件理论和位移事件词化理论的扩充。宏事件包括五种类型，其中位移事件是人类认知系统中最为基础的物理空间域的事件类型，也是动作动词参与的普遍程度最高的事件类型，但并非唯一事件类型。状态变化事件也是动作动词参与度较高的事件类型。本研究认为，就汉语事实而言，最终上升为语言表层词汇形式的动作概念，其构成要素不仅来自位移事件，也来自状态变化事件，而且施事性因果链起到了触发宏事件、引起空间和时间上的系列变化的作用。因此，在构成汉语动作动词的概念要素中，动作的角色、内容和影响缺一不可。动作事件的核心不只是位移，还包括变化，而焦点实体发生位移或变化的原因和方式具有语言类型学的意义，既在语言内部起到区分词类的作用，又能在外部与其他类型的语言相区别，它们体现了卫星语言中深层语义要素合并成核心动词的共通规律。而就个体动作动词而言，各个动作动词之所以互相区别，要取决于其外围的个性特征项 X。共性成分（位移、变化）、别类成分（原因、方式）和方式和个性成分 X 共同参与了动作动词的词化过程。

第二，从物理空间主义的角度构建语义框架。语言能力是人的全部认知能力中的重要组成部分，是不可拆解的。研究语言最终要落实为研究人的概念认知系统。人对物理空间的感知，是概念认知系统中最基础的部分。人类在感知物理空间的过程中衍生出了边界的观念，用概念分割和关系归类的认知手段将空间域乃至时间域分割为一个个单独的实体。本研究认为，将语义框架的构建直接落实到物理空间域和时间域的诸多实体和关系上，才有可能更直接地描写语言与现实之间的对应关系，用"关于概念的知识"来解释"概念本身的知识"（Frawley，W.，1992）。在本研究中，"施力、接触"等语义变量既是构成词汇语义系统的要素，也是直接借自物理空间领域的概念要素，其赋值结果也采用了混沌、模糊的方法，描述的精确程度取决于语言的精细程度和人的感知限度，如有必要，也是有可能完全用数学手段进行精确表述的。

第三，将位移事件理论与题元角色理论相结合。以费尔墨等人为代表的题元角色理论研究者尤其注重从认知的角度研究动作动词的词汇语义，这与泰尔米所持的认知语义观有很大的共同之处。本研究不涉及题元角色理论中关于概念意义与句法成分匹配关系的研究，只探讨深层动作概念框架和表层动作动词词汇的相互选择关系，这是最基础的选择关系，本研究借用了一些题元角色的术语，几乎不涉及对语法规则和语言范畴的选择，目的是更好地研究动作动词的词汇意义，为词典释义研究打下基础。

二、方法论价值

本研究的方法论价值主要体现在以下两方面：

第一，将语料库检索结果与母语直觉相结合，建立汉语单音节身体动作动词的概念语义信息库。在构建了汉语动作动词概念语义系统的基础上，对语义变量的赋值过程不是理论推导的结果，而是从原始语料中归纳、抽取出来的，使用频率真实地反映了词汇表层形式所包含的语义内容。本研究选取了规模较大、语体分布均匀、检索方式灵活的北京大学现代汉语语料库（CCL）来确定语义变量的赋值范围；同时充分利用现有的研究成果，重点提取表示路径、方式、工具等语言单位。为了给检索结果准确定性，本研究还邀请十余名语言学专业的研究生对检索结果中界定不清晰的变量结果进行人工鉴别，凭借汉语母语者的语言直觉、学术经验和普通常识对身体动作动词的意义成分进行观察、判断、分析和推理，在此基础上建立具有一定准确度和解释力的动作动词概念语义信息库。

第二，用概念语义系统来观照释义元语言，而非用释义文本观照释义文本。长期以来，对汉语动作义位释义的研究和评价有两种方法，一是以某一语文词典的释义规律为标杆进行对比，二是提取关键参数，在多部词典中进行横向比较。这两种方法都缺少合适的外在参考标准，是动作义位词典释义研究中的关键问题，即使是辅以大规模的定量数据，也不能解决循环论证的弊端。本研究在建立了相对完善的现代汉语单音节动作动词概念语义信息库的基础上，尝试将动作概念语义系统中的各个末级语义变量及其赋值结果作为参照对象，以析义元语言对照释义元语言，对比各个语义变量在概念系统中的理论出现频次和在释义中的实际出现频次，考量语义变量在各部学习词典的释义配列式和示例中的转化率，对比赋值结果和内容是否全面有效地体现在释义中，以此来判断和评价各部词典的释义文本的质量。

三、实践意义

本研究的实践意义主要体现在以下两方面：

第一，对各层级语义变量的赋值结果进行统计，不仅能够更加直观地了解汉语动作动词的语义构成，还便于体现汉语动作动词与其他语言的差别，具有语言类型学、文化学甚至人类学等领域的意义。在建立了汉语单音节身体动作动词概念语义信息库的基础上，本研究在第四章中从信息解码的角度统计和归纳了各语义变量的不同赋值情况在信息库整体中所占的比重，目的是观察参与动作的各个要素在概念框架中的位置和作用。单就汉语而言，这种统计显得枯燥而琐碎。如果把目光投向其他语言，就会发现汉语在词化模式上与同属于卫星语的英语存在显著的差别，比如汉语自施事动作动词概念语义系统中的方向变量的赋值结果包括"向上、向下、向前、垂直、来回"等，其中"向上、向前"的比重明显超过其他，而英语中除了纯位移动词（如 run、jump 等）具有方向变量外，有些动词（如 scream）"在构式的压制下也具有了位移的路径和方向"（李雪，2015）。再如有关外施事动作动词涉及的动作部位的统计，显示出汉语对手部动作的表述甚至精确到了虎口（掐_{脖子}），还有特别描写拇指和别的手指合作动作的动词（捏_{泥人}、捏_{纸条}），这是英语中所不具备的。

第二，提出以语义变量 X 的转化率作为检验词典释义质量的定量标准。如前文所述，语义变量 X 的转化率本质上是用析义元语言来考察释义元语言，先验性地把概念语义系统中的各个语义变量视为词典释义内容中必须具备的意义参数，以外在的标准打破了以往动作义位释义研究中循环论证的怪圈。更重要的是，转化率是一个定量标准，更加直观地演示了词典释义文本覆盖了动作动词概念语义系统的哪些内容，遗漏了哪些内容，对哪些变量的展示还不够充分。词典释义和例证中所体现的语义变量越充分、越全面，该词典对动作义位的释义内容就越详尽，编纂质量就越高。可以说，语义变量 X 的转化率客观、明确、简洁地检验了词典释义的质量。

第三节 研究局限及拓展空间

本研究以位移事件框架为基础构建动作动词概念语义系统，以大规模语料检索结果和母语直觉自建概念语义信息库，以语义变量 X 的转化率和赋值结果的区分度为标准衡量词典编纂质量，这种尝试是比较新颖的，带来的局限也是明显的。

首先，人的认知过程是复杂的，对物理空间和时间的感知结果是如何影响语言表层形式的问题是心理学家、语言学家长期以来未能解决的一个难题。本研究将物理研究领域的一些概念直接引入语义框架，由于术业不精，可能会出现表述不清、含义模糊等缺点，也可能只关注到典型概念，忽略了边缘性概念。

其次，建立动作动词概念语义信息库的工作量非常庞大，无论是检索大规模语料库，还是通过人工标注的方法给语义变量定性，都可能存在纰漏。以 160 个动作动词为目标词的样本比较小，高频单音节动作动词的语义概念情况并不能百分百地代表全体汉语动作动词的情况。在概念语义系统的层级设定上，以第三级为末级语义变量层的做法只是在人的认知理解能力和析义元语言表述结果之间的暂时平衡，并没有逼近最小义位对比组。

最后，语义变量 X 的转化率和赋值结果的区分度，分别从数量和质量的角度评价词典编纂者在释义过程中是否全面地凸显了所有跟动作义位相关的语义变量，以及语义变量凸显的程度是否足够。然而，转化率和区分度是否准确，首先取决于概念语义信息库的准确程度，只有基于详尽、全面、准确的概念语义内容，才能对释义文本做出合理的评判。另外，区分度的表述方式为析义元语言，释义文本则属于释义元语言，两种元语言在词汇选择方面还存在一定的差异，如何顺利对接也是一个很难把握的问题。

此外，高频单音节身体动作动词是汉语动词范畴中的典型成员，在后续的研究中，可以将目标词的范围继续扩大至中低频、双音节的身体动作动词、心理动词、感官动词，对这些动词的语义和释义模式进行研究。还可以从语言对比的角度出发，尝试构建英语等其他语言的动作动词概念语义系统，建设语义信息库，与汉语进行对比，探讨动作动词概念语义所体现出的语言类型差别。还可以关注"变化"这一核心语义要素，探讨从状态变化事件到部分汉语动词、形容词的概念整合过程、词化过程和释义结果。本文仅仅是一个尝试，今后的研究还将继续深入。

参考文献

（一）中文文献

1. 专著

［1］程琪龙．概念语义研究的新视角［M］．上海：上海外语教育出版社，2011.

［2］董秀芳．词汇化：汉语双音词的衍生和发展［M］．成都：四川民族出版社，2002.

［3］冯胜利．汉语韵律句法学［M］．上海：上海教育出版社，2000.

［4］冯胜利．汉语韵律语法研究［M］．北京：北京大学出版社，2005.

［5］符淮青．词义的分析和描写［M］．北京：语文出版社，1996.

［6］桂诗春，宁春岩．语言学方法论［M］．北京：外语教学与研究出版社，1997.

［7］郭锐．现代汉语词类研究［M］．北京：商务印书馆，2002.

［8］何善芬．英汉语言对比研究［M］．上海：上海外语教育出版社，2002.

［9］贾彦德．汉语语义学［M］．北京：北京大学出版社，1999.

［10］蒋绍愚．古汉语词汇纲要［M］．北京：商务印书馆，2005.

［11］劳蕾尔·J. 布林顿，伊丽莎白·克洛斯·特劳戈特．词汇化与语

言演变［M］. 北京：商务印书馆，2013.

　　［12］李葆嘉. 现代汉语析义元语言研究［M］. 北京：世界图书出版公司，2013.

　　［13］李福印. 认知语言学概论［M］. 北京：北京大学出版社，2011.

　　［14］李临定. 现代汉语句型［M］. 北京：商务印书馆，1986.

　　［15］陆俭明. 现代汉语语法研究教程［M］. 北京：北京大学出版社，2005.

　　［16］陆俭明，沈阳. 汉语和汉语研究十五讲［M］. 北京：北京大学出版社，2003.

　　［17］吕叔湘. 汉语语法分析问题［M］. 北京：商务印书馆，1979.

　　［18］吕叔湘. 语文常谈［M］. 北京：生活·读书·新知三联书店，1980.

　　［19］梅家驹，竺一鸣，高蕴琦，等. 同义词词林［M］. 上海：上海辞书出版社，1983.

　　［20］苏宝荣. 词义研究与辞书释义［M］. 北京：商务印书馆，2000.

　　［21］苏新春. 现代汉语分类词典［M］. 北京：商务印书馆，2013.

　　［22］王德春. 词汇学研究［M］. 济南：山东教育出版社，1983.

　　［23］王力. 中国现代语法［M］. 北京：商务印书馆，1985.

　　［24］王建军. 汉语存在句的历时研究［M］. 天津：天津古籍出版社，2003.

　　［25］王珏. 汉语生命范畴初论［M］. 上海：华东师范大学出版社，2004.

　　［26］邢福义. 现代汉语［M］. 北京：高等教育出版社，1991.

　　［27］许余龙. 对比语言学［M］. 上海：上海外语教育出版社，2002.

　　［28］［日］影山太郎. 动词语义学：语言与认知的接点［M］. 于康，张

勤，王占华，译.北京：中央广播电视大学出版社，2001.

[29] 张家骅，彭玉海，孙淑芳，等.俄罗斯当代语义学 [M].北京：商务印书馆，2005.

[30] 张志公.汉语语法常识 [M].北京：中国青年出版社，1954.

[31] 张志毅，张庆云.词汇语义学 [M].北京：商务印书馆，2005.

[32] 张志毅，张庆云.词汇语义学与词典编纂 [M].北京：外语教学与研究出版社，2007.

[33] 赵元任.汉语口语语法 [M].北京：商务印书馆，1979.

[34] 中国文字改革委员会研究推广处.普通话三千常用词表 [M].北京：中国文字改革出版社，1962.

[35] 朱德熙.语法讲义 [M].北京：商务印书馆，1982.

2. 论文集、会议录

[1] 陈望道.关于刘半农先生的所谓"混蛋字" [C]//陈望道文集.上海：上海人民出版社，1979.

[2] 陈小荷.动宾组合的自动获取与标注 [C]//黄昌宁，董振东.计算语言学文集.北京：清华大学出版社，1999.

[3] 符淮青.语文词典中词的释义方式 [C]//辞书编纂经验荟萃.上海：上海辞书出版社，1992.

[4] 胡明扬.语言学论文选：说"打" [C].北京：商务印书馆，2003.

[5] 林杏光，张卫国，张云衡.论文集：四集 [C].北京：外语教学与研究出版社，1991.

[6] 刘半农.半农文集：打雅 [C].北京：中国戏剧出版社，1932.

[7] 卢娜，郑艳群.面向对外汉语教学的动词多媒体释义研究 [C]//张普.数字化汉语教学进展与深化大会论文集.北京：清华大学出版社，2008.

[8] 裴雨来，吴云芳. 对几种义项区分方法的讨论 [C]//内容计算的研究与应用前沿——第九届全国计算语言学学术会议论文集. 大连理工大学、清华大学智能技术与系统国家重点实验室，2007.

[9] 苏新春. 第六届汉语词汇语义学研讨会：语言知识库的内化与细化 [C]. 北京：北京大学出版社，2014.

[10] 王力，等. 语法和语法教学 [C]. 北京：人民教育出版社，1956.

[11] 徐杰. 汉语研究的类型学视角 [C]. 北京：北京语言大学出版社，2005.

[12] 邢福义. 语法问题探讨集：谈一种宾语 [C]. 武汉：湖北教育出版社，1986.

[13] 邢福义. 邢福义自选集 [C]. 郑州：河南教育出版社，1993.

[14] 严辰松. 运动事件的词汇化模式 [C]//王菊泉，郑立信. 英汉语言文化对比研究. 上海：上海外语教育出版社，2004.

[15] 郑丽. 中国辞书学会第六届中青年辞书工作者学术研讨会论文集：《新华字典》新旧版本"扌"部动词释义对比研究 [C]. 北京：商务印书馆，2010.

3. 学位论文

[1] 陈佳. 论英汉运动事件表达中"路径"单位的"空间界态"概念语义及其句法—语义接口功能 [D]. 上海：上海外国语大学，2010.

[2] 丁薇. 基于概念结构理论的把字句研究与偏误分析 [D]. 苏州：苏州大学，2013.

[3] 樊友新. 从事件结构到句子结构——以现代汉语"被"字使用为例 [D]. 上海：华东师范大学，2010.

[4] 冯丽. 以"拿"为认知基元的现代汉语动词同义词群建构研究

[D].武汉：武汉大学，2013.

[5] 韩春兰.英汉运动事件语义编码认知研究 [D].北京：中央民族大学，2011.

[6] 韩大伟.英汉运动类动词隐喻认知对比研究 [D].长春：东北师范大学，2007.

[7] 焦毓梅.《十诵律》常用动作语义场词汇研究 [D].成都：四川大学，2007.

[8] 李金兰.现代汉语身体动词的认知研究 [D].上海：华东师范大学，2006.

[9] 李倩.现代汉语肢体动作类基本层次范畴词汇研究 [D].北京：中央民族大学，2013.

[10] 刘岩.现代汉语运动事件表达模式研究 [D].天津：南开大学，2013.

[11] 卢骄杰.《现代汉语词典》动词释义模式元语言研究 [D].上海：华东师范大学，2007.

[12] 吕艳辉.基于语料库的现代汉语手部动词研究 [D].济南：山东大学，2008.

[13] 孟丽.现代汉语腿部动词研究 [D].桂林：广西师范大学，2008.

[14] 任晔.现代汉语五官感觉范畴词的隐喻研究 [D].乌鲁木齐：新疆师范大学，2005.

[15] 史文磊.汉语运动事件词化类型的历时考察 [D].杭州：浙江大学，2010.

[16] 田臻.汉语静态存在构式对动作动词的语义制约 [D].上海：上海外国语大学，2009.

[17] 王洪明.俄汉阐释动词词义的元语言释义对比 [D].哈尔滨：黑

龙江大学，2011.

［18］严玲玲 . 现代汉语 X 存在 Y 句式研究［D］. 南京：南京师范大学，2013.

［19］杨海明 . 生命度与汉语句法的若干问题研究［D］. 广州：暨南大学，2007.

［20］于屏方 . 动作义位释义的框架模式研究［D］. 广州：广东外语外贸大学，2006.

［21］张少英 . 动词释义元语言研究初探［D］. 北京：北京语言大学，2006.

4. 期刊论文

［1］鲍幼文 . 说"打"［J］. 语文学习，1954（8）.

［2］蔡北国 . 中介语动作动词混用的调查与分析［J］. 世界汉语教学，2010，24（4）.

［3］蔡基刚 . 英汉词化对比与综合表达法［J］. 山东外语教学，2005（5）.

［4］曹先擢 . "打"字的语义分析——为庆贺《辞书研究》百期作［J］. 辞书研究，1996（6）.

［5］陈新葵，张积家 . 中文身体动词的语义特异性加工［J］. 华南师范大学学报（社会科学版），2013（4）.

［6］程丽霞 . 心理表征与认知推理——Fodor 与 Jackendoff 概念语义观之不同［J］. 中国外语，2004（2）.

［7］程琪龙 . Jackendoff 的概念语义学理论［J］. 外语教学与研究，1997（2）.

［8］程琪龙 . 谓元·语义结构·概念框架［J］. 外国语（上海外国语大

学学报），2005（5）.

[9] 程琪龙. 事件框架的语义连贯和连通——切刻小句的实例分析 [J]. 外国语（上海外国语大学学报），2009，32（3）.

[10] 程琪龙，程倩雯. 动词和构式之间的关系——动词语义焦点 [J]. 外语教学，2014，35（3）.

[11] 程琪龙，乔玉巧. 放置事件及其变式 [J]. 浙江大学学报（人文社会科学版），2010，40（4）.

[12] 丛琳.《现代汉语词典》动词释义括注使用规则探析 [J]. 赤峰学院学报（汉文哲学社会科学版），2010，35（5）.

[13] 董秀芳. 论句法结构的词汇化 [J]. 语言研究，2002（3）.

[14] 董银燕，郭泉江. 英汉运动事件研究综合考察 [J]. 现代语文（语文研究版），2013（6）.

[15] 董粤章. 构式、域矩阵与心理观照——认知语法视角下的"吃食堂"[J]. 外国语（上海外国语大学学报），2011，34（3）.

[16] 杜嘉雯. 现代汉语足部动词的语义特征 [J]. 语文学刊，2010（11）.

[17] 端木三. 汉语的节律 [J]. 当代语言学，2001（4）.

[18] 范方莲. 存在句 [J]. 中国语文，1963（5）.

[19] 范晓. 说语义成分 [J]. 汉语学习，2003（1）.

[20] 范晓. 被字句谓语动词的语义特征 [J]. 长江学术，2006（2）.

[21] 范晓. 关于"施事"[J]. 汉语学习，2008（2）.

[22] 方绪军. 动作动词补足语的确定 [J]. 汉语学习，1999（4）.

[23] 费多益. 认知研究的现象学趋向 [J]. 哲学动态，2007（6）.

[24] 冯胜利. "写毛笔"与韵律促发的动词并入 [J]. 语言教学与研究，2000（1）.

[25] 符淮青."词义成分—模式"分析（表动作行为的词）[J]. 汉语学习，1996（5）.

[26] 高云莉，方琰. 浅谈汉语宾语的语义类别问题 [J]. 语言教学与研究，2001（6）.

[27] 葛建民，赵芳芳. 论动作型动词的概念隐喻类型及机制 [J]. 外语学刊，2010（3）.

[28] 葛林. 认知语义学研究的新视角——《走进认知语义学》述介 [J]. 外语教学与研究（外国语文双月刊），2003（5）.

[29] 管博. 英汉构架事件词汇化模式的差异对中国学生使用英语动—品组合的影响 [J]. 解放军外国语学院学报，2011，34（3）.

[30] 韩玉国. 汉语视觉动词的语义投射及语法化构拟 [J]. 外国语言文学（季刊），2003（4）.

[31] 黄友. 试析反身宾语句的生成机制 [J]. 新疆大学学报（哲学人文社会科学版），2009，37（3）.

[32] 侯丽白，郑文辉. 关于逻辑史上对悖论问题的解决 [J]. 学术研究，1996（12）.

[33] 缑瑞隆. 汉语感觉范畴隐喻系统 [J]. 郑州大学学报（哲学社会科学版），2003（5）.

[34] 黄峰."打"字音和义 [J]. 古汉语研究，1998（4）.

[35] 黄锦章. 移动动词与上古汉语的类型学特征 [J]. 华东师范大学学报（哲学社会科学版），2008（1）.

[36] 胡丽珍. 语料库视野下汉语大型辞书的常用动词释义——基于"啃"的个案研究 [J]. 辞书研究，2013（1）.

[37] 黄洁. 动宾非常规搭配的转喻和隐喻透视 [J]. 同济大学学报（社会科学版），2009，20（1）.

［38］贾彦德．语义成分分析法的程序问题［J］．新疆大学学报（哲学社会科学版），1982（3）.

［39］姜春平，张成刚．运动概念结构间关系的研究［J］．哈尔滨体育学院学报，2008（3）.

［40］蒋绍愚．打击义动词的词义分析［J］．中国语文，2007（5）.

［41］郎天万，蒋勇．概念结构对语义原子论和语义场理论的整合［J］．四川外国语学院学报，2000（2）.

［42］李葆嘉．汉语的词语搭配和义征的提取辨析［J］．兰州大学学报（深灰科学版），2003（6）.

［43］李慧．单音节动作动词的构语力及其制约因素探析［J］．语言教学与研究，2013（6）.

［44］李小军．论手部动作范畴向心理范畴的演变［J］．江西师范大学学报（哲学社会科学版），2014，47（6）.

［45］李雪．英汉隐喻运动表达的对比研究［J］．外语学刊，2009（3）.

［46］梁锦祥．说 put 道"放"——汉英动词词汇化对比一例［J］．华南师范大学学报（社会科学版），2006（2）.

［47］廖光蓉．词概念框架研究提纲［J］．外语教学，2008（6）.

［48］林进展．多义动词义项距离与义项分合［J］．厦门大学学报（哲学社会科学版），2012（5）.

［49］刘街生．现代汉语的反身宾语句［J］．语言研究，2009，29（1）.

［50］龙涛，李清桓．生命义名词的语义特征分析［J］．湖南科技大学学报（社会科学版），2007（4）.

［51］陆俭明．句法语义接口问题［J］．外国语（上海外国语大学学报），2006（3）.

［52］罗思明．当代词汇化研究综合考察［J］．现代外语（季刊），2007

(4).

[53] 罗思明. 英汉"缓步"类动词的语义成分及词化模式分析 [J]. 外语研究, 2007 (1).

[54] 吕冀平. 主语和宾语的问题 [J]. 语文学习, 1955 (7).

[55] 吕云生. 词汇分解理论与汉语动词的语义分析方法 [J]. 暨南学报 (哲学社会科学版), 2009, 31 (3).

[56] 马洪海. 论身体行为句式 [J]. 浙江师范大学学报 (社会科学版), 2003 (4).

[57] 马玉学. 语言与思维关系研究的认知语义学视角——国外运动事件母语表达的实证研究综述 [J]. 辽宁工业大学学报 (社会科学版), 2011, 13 (2).

[58] 马云霞. 词汇化模式理论与民族语言研究 [J]. 中央民族大学学报, 2009, 36 (2).

[59] 孟昭连. "搞"字的造字者及其他——读《金瓶梅语词溯源》 [J]. 中国语文, 1999 (1).

[60] 彭玉海. 俄语动词隐喻的语义解读——兼动词多义的分析 [J]. 外语学刊, 2011 (5).

[61] 彭玉海. 试论俄语动词隐喻显性语义错置——俄语动词多义性的分析 [J]. 外语与外语教学, 2012 (5).

[62] 彭玉海, 于鑫. 试论俄语动词隐喻模式——也谈动词多义衍生 [J]. 外语教学, 2014, 35 (1).

[63] 彭玉海, 王洪明. 动词隐喻的隐性语义错置 [J]. 解放军外国语学院学报, 2015, 38 (1).

[64] 彭玉海. 动词隐喻构架中的文化概念格式塔 [J]. 外语学刊, 2014 (5).

[65] 邱广君, 张俐, 王宝库, 等. 从变换分析到变元相关分析——谈语法分析方法的改进 [J]. 世界汉语教学, 1999 (1).

[66] 邱广君, 李铁根. 从徒手客移动词的搭配看其语义特征 [J]. 东北大学学报 (社会科学版), 1999 (2).

[67] 邵志洪. 英汉运动事件框架表达对比与应用 [J]. 外国语 (上海外国语大学学报), 2006 (2).

[68] 沈家煊. 实词虚化的机制:《演化而来的语法》评介 [J]. 当代语言学, 1998 (3).

[69] 沈家煊. 现代汉语"动补结构"的类型学考察 [J]. 世界汉语教学, 2003 (3).

[70] 史文磊. 汉语运动事件词化类型的历时转移 [J]. 中国语文, 2011 (6).

[71] 史文磊. 国外学界对词化类型学的讨论述略 [J]. 解放军外国语学院学报, 2011, 34 (2).

[72] 史文磊. 汉语运动事件词化类型研究综观 [J]. 当代语言学, 2012, 14 (1).

[73] 宋玉柱. 略谈"假存在句" [J]. 天津师范大学学报 (社会科学版), 1988 (6).

[74] 苏新春, 洪桂治, 唐师瑶. 再论义类词典的分类原则与方法 [J]. 世界汉语教学, 2010, 24 (2).

[75] 孙道功, 李葆嘉. 动核结构的"词汇语义—句法语义"衔接研究 [J]. 语言文字应用, 2009 (1).

[76] 谭景春. 材料宾语和工具宾语 [J]. 汉语学习, 1995 (6).

[77] 陶红印. 从"吃"看动词论元结构的动态分析 [J]. 语言研究, 2000 (3).

［78］陶明忠，马玉蕾．框架网络与汉语信息处理［J］．语言文字应用，2007（4）．

［79］陶明忠，马玉蕾．框架语义学——格语法的第三阶段［J］．当代语言学，2008（1）．

［80］王葆华．动词的词汇语义与论元表达之关系——兼谈动词意义的原型效应和家族象似性［J］．汉语学报，2006（1）．

［81］王灿龙．词汇化二例——兼谈词汇化和语法化的关系［J］．当代语言学，2005（3）．

［82］王馥芳．认知语言学：外部批评、理论回应和反思［J］．外语教学理论与实践，2014（3）．

［83］王馥芳．概念系统研究——认知语言学的独特理论贡献［J］．陕西教育（高教），2014（12）．

［84］王国珍．"喫""食""饮"历时替换的不平衡性及其认知［J］．古汉语研究，2010（1）．

［85］王惠，詹卫东，俞士汶．"现代汉语语义词典"的结构及应用［J］．语言文字应用，2006（1）．

［86］王楠．《现代汉语词典》第6版对"动作+人体器官"类动词的修订［J］．辞书研究，2014（4）．

［87］王文斌，周慈波．英汉"看"类动词的语义及词化对比分析［J］．外语教学与研究，2004（6）．

［88］王文斌．英语构词中析取现象透视［J］．外语研究，2005（2）．

［89］王志军．汉英动宾搭配词汇化过程中对边缘成分的不同敏感度研究［J］．外国语（上海外国语大学学报），2014，37（5）．

［90］汪维辉，秋谷裕幸．汉语"站立"义词的现状与历史［J］．中国语文，2010（4）．

［91］汪耀楠，祝注先．大型语文词典释义的特点和要求［J］．辞书研究，1982（3）．

［92］王英雪．汉英"吃"的动作的概念隐喻比较［J］．东华大学学报（社会科学版），2007（3）．

［93］王占华．"吃食堂"的认知考察［J］．语言教学与研究，2000（2）．

［94］翁义明，王金平．基于事件和糅合理论的英汉动补结构对比［J］．大连海事大学学报（社会科学版），2014，13（2）．

［95］吴平．试论事件语义学的研究方法［J］．外语与外语教学，2007（4）．

［96］吴云芳，段慧明，俞士汶．动词对宾语的语义选择限制［J］．语言文字应用，2005（2）．

［97］欣果实．运动技术动作概念的嵌套表征模型［J］．成都体育学院学报，1997（4）．

［98］许高渝．俄汉语词化程度比较［J］．浙江社会科学，1997（2）．

［99］徐时仪．"搞"的释义探析［J］．上海师范大学学报（哲学社会科学版），2003（4）．

［100］徐思益．论句子的语义结构［J］．新疆大学学报（哲学社会科学版），1984（1）．

［101］严辰松．运动时间的词汇化模式——英汉比较研究［J］．解放军外国语学院学报，1998（6）．

［102］严辰松．语义包容——英汉动词意义的比较［J］．外语与外语教学，2004（12）．

［103］严辰松．英汉语表达"实现"意义的词汇化模式［J］．外国语（上海外国语大学学报），2005（1）．

[104] 严辰松. 伦纳德·泰尔米的宏事件研究及其启示 [J]. 外语教学, 2008 (5).

[105] 杨春生. 英汉语中与"吃"有关的隐喻比较 [J]. 外语与外语教学, 2004 (12).

[106] 杨丽君. 动词"搞"在现代汉语中的语用考察 [J]. 语言文字应用, 2002 (2).

[107] 姚双云. "搞"的语义韵及其功能定位 [J]. 语言教学与研究, 2011 (2).

[108] 应蕙菁. 泛义动词"打"与"搞"的对比分析 [J]. 上海师范大学学报 (基础教育版), 2010, 39 (2).

[109] 由丽萍, 杨翠. 汉语框架语义知识库概述 [J]. 电脑开发与应用, 2007 (6).

[110] 于江生, 俞士汶. CCD 的结构与设计思想 [J]. 中文信息学报, 2002 (4).

[111] 谢晓明. 宾语代入现象的认知解释 [J]. 湖南大学学报 (社会科学版), 2004 (3).

[112] 谢晓明, 左双菊. 饮食义动词"吃"带宾情况的历史考察 [J]. 古汉语研究, 2007 (4).

[113] 辛平, 方菊. 动宾搭配内部差异性及分析 [J]. 东北师大学报 (哲学社会科学版), 2012 (3).

[114] 徐峰. 现代汉语置放类动词及其语义次范畴 [J]. 汉语学习, 1998 (2).

[115] 徐时仪. "打"字的语义分析续补 [J]. 辞书研究, 2001 (3).

[116] 徐时仪. "打"字的语义分析再补 [J]. 南阳师范学院学报 (社会科学版), 2008 (4).

[117] 严辰松. 汉英词汇透明度比较 [J]. 解放军外语学院学报, 1990 (3).

[118] 颜红菊. 认知视角下的语义成分分析法 [J]. 湖南大学学报 (社会科学版), 2009, 23 (3).

[119] 杨江. 方位词"里""中""内"的语义认知分析 [J]. 湖南科技大学学报 (社会科学版), 2007 (6).

[120] 叶浩生. 具身认知: 认知心理学的新取向 [J]. 心理科学进展, 2010, 18 (5).

[121] 叶浩生. 有关具身认知思潮的理论心理学思考 [J]. 心理学报, 2011, 43 (5).

[122] 易绵竹. 俄语动词性句子语义结构描写的原则 [J]. 外语学刊 (黑龙江大学学报), 1994 (3).

[123] 曾莉. 基于事件语义学的汉语双宾语句分析 [J]. 南昌大学学报 (人文社会科学版), 2010 (3).

[124] 张宝胜. 《现代汉语置放动词配价研究》补议 [J]. 语言教学与研究, 2003 (5).

[125] 张斌. 关于句式问题——庆祝《语文研究》创刊 30 周年 [J]. 语文研究, 2010 (4).

[126] 张博. 同义词、近义词、易混淆词——从汉语到中介语的视角转移 [J]. 世界汉语教学, 2007 (3).

[127] 张国宪. 单双音节动作动词搭配功能差异研究 [J]. 上海师范大学学报 (哲学社会科学版), 1990 (1).

[128] 章红梅. 试论"打"字的语音、语义来源 [J]. 涪陵师范学院学报, 2005 (3).

[129] 张继东, 刘萍. 中国大学生英语写作中的使役结构及相应的词化

现象调查与分析［J］. 外语研究，2005（3）.

［130］张积家，陈新葵. 汉字义符在汉语动作动词意义认知中的作用［J］. 心理学报，2005（4）.

［131］张建理. 论动词本原构式［J］. 浙江大学学报（人文社会科学版），2012，42（6）.

［132］张建理，房战峰. 论汉语非施事主语单宾语构式［J］. 浙江大学学报（人文社会科学版），2013，43（6）.

［133］张金兴. 语义分析：从外延到内涵——卡尔纳普逻辑语义学评析［J］. 淮阴师专学报，1997（3）.

［134］张克定. 从意象到识解——Langacker 认知语法研习札记［J］. 河南大学学报（社会科学版），2008（1）.

［135］赵洋. 在认知语言学框架下看词语象似性的理据［J］. 湖南大学学报（社会科学版），2008（3）.

［136］郑述谱. 聚合关系与词义描述——表示"动作"意义的动词群的释义分析［J］. 辞书研究，1983（2）.

［137］周明海，亢世勇，王莉. 基于多部词典的目标动词义项标注的困难及解决策略［J］. 语言文字应用，2011（2）.

［138］周文. 鄂州方言脚部动词辑考［J］. 鄂州大学学报，2005（5）.

［139］朱彦. 核心成分、别义成分与动作语素义分析——以"收"为例［J］. 中国语文，2006（4）.

（二）英文文献

1. 专著

［1］BLOOMFIELD L. *Language*［M］. London：Allen and Unwin，1993.

［2］CRUSE A. *Meaning in Language：An Introduction to Semantics and Pragmatics*（2nd ed.）［M］. Oxford：Oxford University Press，2004.

[3] FRAWLEY W. *Linguistic Semantics* [M]. London: Lawrence Erlbaum Associates, Publishers, 1992.

[4] GAO H. *The Physical Foundation of the Patterning of Physical Action Verbs* [M]. Sweden: Media-Tryck, Lunds universitet, 2001.

[5] GOLDBERG A E. *Constructions: A Construction Grammar Approach to Argument Structure* [M]. Chicago: University of Chicago Press, 1995.

[6] GOLDBERG A E. *Constructions: Construction at Work: The Nature of Generalization in Language* [M]. Oxford: Oxford University Press, 2006.

[7] HER O S. *Grammatical Function and Verb Subcategorization in Mandarin Chinese* [M]. Taipei: Crane Pbulishing, 1990.

[8] JACKENDOFF R. *Consciousness and the Computational Mind* [M]. Cambridge, MA: MIT Press, 1987.

[9] LANGACKER R W. *Grammar and Conceptualization* [M]. Berlin: Mouton de Gruyter, 2000.

[10] LEECH G N. *Semantics* [M]. London: Penguin Bookes Ltd, 1974.

[11] LEVIN B. *English Verb Classes and Alternations: A Preliminary Investigation* [M]. Chicago: The University of Chicago Press, 1993.

[12] LI Y C. *An Investigation of Case in Chinese Grammar* [M]. Hall University Press, 1971.

[13] LYONS J. *Semantics* [M]. Cambridge: Cambridge University Press, 1977.

[14] SCHANK R, ALELSON R. *Scripts, Plans, Goals, and Knowledge* [M]. Hillsdate, NJ: Erbaum, 1975.

[15] TALMY L. *Towords a Congnitive Semantics* [M]. Cambridge: Cambridge University Press, 2000.

[16] TANG T C. A *Case Grammar Classification of Chinese Verbs* [M].

Taipei: Hai guo Book Co, 1975.

[17] TAYLOR J. *Linguistic categorization: prototies in linguistic theory* [M]. Massachusetts: The MIT Press, 1995.

[18] TENG S H. A *Semantic Study of Transitivity Relations in Chinese* [M]. Berkeley & Los Angeles: Universtiy of California Press, 1975.

[19] TSAO F F. *Sentence and Clause Structure in Chinese: A Functional Perspective* [M]. Taipei: Student Book, 1990.

[20] TAYLOR J R. *Linguistic Categorization: Prototypes in Linguistic Theory* [M]. Oxford: Clarendon Press, 1989.

2. 期刊论文

[1] FEI D Y. Phenomenological approach in cognitive science [J]. *Philosophical Trends*, 2007, 342 (6).

[2] FILLMORE C J. Frames and the semantics of understanding [J]. *Quadernie di Semantica*, 1985, 6 (2).

[3] GALLESE V, LAKOFF G. The brain's concepts: The role of the sensory-motor system in conceptual knowledge [J]. *Cognitive Neuropsychology*, 2005, 22 (3/4).

[4] TAI JAMES H Y. Conceptual structure and conceptualizaion in Chinese [J]. *Language and Linguistics*, 2005, 6 (4).

[5] VIBERG A. The verb of perception: A typological study [J]. *Journal Linguistics*, 1983, 21 (1).

[6] TSAO F F. On verb classification in Chinese [J]. *Journal of Chinese Linguistics*, 1996, 24 (1).

附　录

附录1

160个目标词
原因动作动词（142个）

碰	打	敲	钉钉子	钉扣子	捣	摔
掉	拍	摸额头	摸鱼	压	挤牙膏	按
掐花	掐脖子	捏纸条	捏泥人	磨脚	磨刀	揉衣服
揉面团	搓	拔门闩	扒草堆	扳	开	关
锁	拉	牵	绷	拔	抽	拖
推	折	掰	摘	扒皮	撕	拿
握	捡	挽	扶老人	抱	包	夹豆子
夹包	揭广告	揭锅盖	举	托	扬头	扬沙
捧	扛	抬头	抬桌子	挑	背	撑船

撑（伞）　放　　投　　堆　　叠　　吊　　挂
扔　　甩（小辫）　甩（小刀）　盖　　铺　　填　　堵
埋　　葬　　塞　　插　　镶　　垫　　裹
装　　捆　　拴　　拧（螺丝）　缠　　粘　　涂
糊　　穿　　披　　戴　　脱　　指　　倒
摇（椅子）　抖（床单）　翻（书）　挥　　招　　搬　　拌
洗　　冲　　擦　　扫　　浇　　泼　　灌
沏　　筛　　捞　　切　　割　　锯　　削
剃　　剪　　砍　　挖　　刺　　捅　　刻
踢　　踩　　吃　　嚼　　吞　　咬　　叨
喝　　吹　　吐　　喘　　踩　　眨　　睁
瞪　　眯

方式动作动词（19个）

摔（倒）　挤（公交）　走　　登　　跑　　跳　　跨
越　　翻（墙）　坐　　骑　　蹲　　站　　爬
攀　　靠　　躺　　趴　　跪

附录2

汉语身体动作动词概念语义信息库（节选）

——"拉"类动作动词的概念语义变量系统的赋值情况

拉	动作角色	施事	施事性质	人
			动作部位	手
			意图	使移动
			情态	费力地；持续地
		本原客体	受事性质	器物，如车、绳子、幕布等；人
		本原客体	受事特征	可以被移动
	动作内容	施力	力度	适中地；用力地
			方向	朝向施事的方向
			施力频率	单次
			速度	适中
		接触	接触类型	位移接触
			接触频率	单次
			接触双方	手与受事
	动作影响	本原客体位移	位置改变	靠近施事
			运动状态改变	由静止到运动
			朝向改变	由原来方向朝向施事

牵	动作角色	施事	施事性质	人
			动作部位	手
			意图	使移动
			情态	持续地；亲密地
		工具	工具性质	特指绳子、链子等
		本原客体	受事性质	动物；可以拴上绳、链的物体，如玩具等；身体部位
			受事特征	可以自由行走或移动
	动作内容	施力	力度	适中地
			方向	朝向施事的方向
			施力频率	单次
			速度	适中
		接触	接触类型	位移接触
			接触频率	单次
			接触双方	手与受事；工具与受事
	动作影响	本原客体位移	位置改变	靠近施事
			运动状态改变	由静止到运动
			朝向改变	由原来方向朝向施事

223

续表

		施事性质	人
	施事	动作部位	手；手指
		意图	使移动；使分离
动作角色		情态	用力地；突然地；迅速地
	本原客体	受事性质	器物，如植物；剑、枪等武器，如牙齿、头发等
		受事特征	有根；原来固定在别的东西（比如泥土、牙床）中
		力度	用力地
	施力	方向	从里边到外边
		施力频率	单次
动作内容		速度	快
		接触类型	位移接触
	接触	接触频率	单次
		接触双方	手与受事
动作影响	本原客体位移	位置改变	脱离原来所在的位置；从里面出来

拔

224

续表

			施事性质	人
抽	动作角色	施事	动作部位	手；手指
			意图	使移动；使分离
			情态	迅速地；突然地
		本原客体	受事性质	器物，如纸片、钞票、刀等
			受事特征	片状，处于同类东西的中间或处于套、封、缝隙中
	动作内容	施力	力度	适中地
			方向	从里边到外边
			施力频率	单次
			速度	快
		接触	接触类型	位移接触
			接触频率	单次
			接触双方	手与受事
	动作影响	本原客体位移	位置改变	脱离原来所在的位置；从里面出来

续表

拖	动作角色	施事	施事性质	人
			动作部位	手
			意图	使移动
			情态	费力地；持续地
		本原客体	受事性质	通常是器物
			受事特征	沉重的；具有一定的重量
		其他客体	处所	特指地板、地面
	动作内容	施力	力度	用力地
			方向	朝向施事的方向
			施力频率	单次
			速度	慢
		接触	接触类型	位移接触
			接触频率	单次
			接触双方	受事与处所
	动作影响	本原客体位移	位置改变	离开原来位置；靠近施事
			运动状态改变	紧贴着地面或物体的表面移动

226

附录3

42 个语义变量在三部词典的释义和示例中的转化率

变量名称	实际出现频次			理论出现频次	语义变量的转化率		
	现汉学习	8000 词	商务馆		现汉学习	8000 词	商务馆
施事性质	130	122	131	161	80.75%	75.78%	81.37%
施事特征	1	4	4	3	33.33%	133.33%	133.33%
意图	79	95	96	155	50.97%	61.29%	61.94%
情态	28	52	43	151	18.54%	34.44%	28.48%
动作部位	69	70	69	161	42.86%	43.48%	42.86%
受事性质	145	161	164	125	116.00%	128.80%	131.20%
受事特征	54	59	61	76	71.05%	77.63%	80.26%
处所	14	23	20	21	66.67%	109.52%	95.24%
力度	17	30	22	141	12.06%	21.28%	15.60%
方向	52	72	68	161	32.30%	44.72%	42.24%
速度	5	5	4	160	3.13%	3.13%	2.50%
施力频率	10	14	7	161	6.21%	8.70%	4.35%
接触类型	7	8	5	134	5.22%	5.97%	3.73%
接触频率	3	5	1	133	2.26%	3.76%	0.75%
接触双方	11	11	11	135	8.15%	8.15%	8.15%
朝向改变	7	9	9	9	77.78%	100.00%	100.00%
位置改变	107	123	126	98	109.18%	125.51%	128.57%
工具性质	4	4	6	49	8.16%	8.16%	12.24%
工具特征	2	6	4	10	20.00%	60.00%	40.00%
工具特指	0	1	2	2	0.00%	50.00%	100.00%

续表

变量名称	实际出现频次			理论出现频次	语义变量的转化率		
	现汉学习	8000 词	商务馆		现汉学习	8000 词	商务馆
材料	9	11	13	20	45.00%	55.00%	65.00%
分事性质	17	17	13	17	100.00%	100.00%	76.47%
分事特征	0	0	0	2	0.00%	0.00%	0.00%
成事性质	10	14	9	18	55.56%	77.78%	50.00%
成事特征	5	6	3	5	100.00%	120.00%	60.00%
声光变化	1	3	3	4	25.00%	75.00%	75.00%
隐现改变	7	8	6	8	87.50%	100.00%	75.00%
运动状态改变	17	26	23	27	62.96%	96.30%	85.19%
形状变化	11	14	15	16	68.75%	87.50%	93.75%
体感变化	6	12	9	20	30.00%	60.00%	45.00%
离合变化	12	13	12	10	120.00%	130.00%	120.00%
生命力变化	3	3	2	3	100.00%	100.00%	66.67%
温度变化	1	1	0	1	100.00%	100.00%	0.00%
分布状态变化	4	5	5	6	66.67%	83.33%	83.33%
开合变化	10	11	11	9	111.11%	122.22%	122.22%
可能性变化	2	3	5	3	66.67%	100.00%	166.67%
姿态变化	2	2	2	1	200.00%	200.00%	200.00%
充实状态变化	3	3	4	5	60.00%	60.00%	80.00%
存现变化	3	8	5	7	42.86%	114.29%	71.43%
外观变化	19	30	29	27	70.37%	111.11%	107.41%
自移方式	9	10	9	13	69.23%	76.92%	69.23%
姿态	7	8	8	6	116.67%	133.33%	133.33%

附录4 变量X与释义、例证文本对比语料库（节选）

单音节动词"推"的变量X与释义、例证文本对比

		动作动词概念语义信息		《现汉学习》释义	《8000词》释义	《商务馆学汉语》释义	《现汉学习》配例	《8000词》配例	《商务馆学汉语》配例
推	动作角色	施事	施事性质：人				√	√	√
			动作部位：手；手掌				√	√	√
			意图：使移动			√	√	√	√
			情态：费力地；持续地				√	√	√
		本原客体	受事性质：器物，如门、车等；人	√	√	√	√	√	√
		本原客体	受事特征：可以移动				√	√	√

229

续表

推	动作内容/影响	分项	语义信息	动作动词概念语义信息

动作内容/动作影响		分项	动作动词概念语义信息（语义信息）	《现汉学习》释义	《8000词》释义	《商务馆学汉语》释义	《现汉学习》配例	《8000词》配例	《商务馆学汉语》配例
动作内容	施力	力度	轻轻地;适中地;用力地				√	√	√
		方向	以身体为中心向外						
		速度	适中						
		施力频率	单次						
	接触	接触类型	位移接触						
		接触频率	单次						
		接触双方	手与受事						
动作影响	本原客体位移	位置改变	离开原来位置	√	√	√	√	√	√
		运动状态改变	由静止到运动				√	√	√
	本原客体变化	开合变化	由闭合到敞开				√	√	√